JUDI VITALE

Baby-Astrologie

GOLDMANN

Judi Vitale

Baby-Astrologie

WAS DIE STERNE FÜR DEIN KIND BEREITHALTEN

Alles über Talente, Vorlieben und Charakterzüge

Aus dem amerikanischen Englisch
von Elisabeth Liebl

GOLDMANN

Die englische Originalausgabe erschien 2020 unter dem Titel *Babystrology. The Astrological Guide to Your Little Star* bei Adams Media, an imprint of Simon & Schuster, Inc., Avon, Massachusetts.

Penguin Random House Verlagsgruppe FSC® N001967

1. Auflage
Deutsche Erstausgabe September 2022

Illustrationen Innenteil: © 123RF/Maryna Solodka, mit weiteren Abbildungen von Maryna Solodka
Design Innenteil: Sylvia McArdle
Umschlag: Uno Werbeagentur, München
Umschlagdesign: Erin Alexander
Umschlagmotiv: © 123RF/Maryna Solodka, Knight Studio, Copyright © 2020 Simon & Schuster, Inc.
Redaktion: Andrea Kalbe
Satz: Satzwerk Huber, Germering
Druck und Bindung: Alföldi, Debrecen
Printed in Hungary
SC · CB

ISBN 978-3-442-22348-0

Widmung

Dieses Buch ist meinem Sohn David gewidmet, der mir vom ersten Tag seines Erdendaseins an Freude bereitete, weil er mir zeigte, dass es die schönste Aufgabe und das höchste Privileg in meinem Leben war und ist, seine Mutter zu sein.

INHALT

Einführung

Wenn ein Kind zur Welt kommt, ist seine Persönlichkeit noch ein Buch mit sieben Siegeln. Was bringt es zum Lachen? Was wird seine Lieblingsfarbe sein? Wird es Bücher mögen, schnell Freunde gewinnen oder sich am allerliebsten draußen aufhalten, in der freien Natur? Wird es die gleichen Dinge schätzen wie du? Wie kannst du das kleine Wesen, das dir anvertraut ist, am besten unterstützen, sodass es zu einem selbstsicheren, liebevollen und sympathischen Erwachsenen wird?

Es ist schwierig, einem Kind emotional beizustehen, wenn du noch nicht weißt, welcher Mensch dieses Kind im Innersten ist. Doch es genau zu kennen – und dahingehend zu fördern – ist von entscheidender Bedeutung. Glücklicherweise besitzt du bereits eine wichtige Orientierungshilfe: das Sonnenzeichen, unter dem dein Kind geboren ist! In diesem Buch möchte ich dich mit der Baby-Astrologie vertraut machen, die beleuchtet, welche Anlagen dein Baby aus astrologischer Sicht mit sich bringt. Sie zeigt dir, welche charakterlichen Merkmale und Neigungen Einfluss auf die Entwicklung deines Kindes haben. Ob es nun das sanfte Naturell eines Fisches, die Selbstsicherheit des Löwen oder das liebevolle Wesen eines Krebskindes besitzt, mithilfe des Sonnenzeichens kannst du klären, ob du deinem Kind gibst, was es braucht: sei es viel Zeit zum Kuscheln, ein schön gestaltetes Kinderzimmer, achtsame Ernährung oder ein bestimmtes Spiel. Du erfährst, welche Lieder dein Widderchen liebt, welche Bücher der Skorpion verschlingt und welche Talente du bei deinem Steinbock fördern kannst. Natürlich kennst du dein Kind am besten, also betrachte alles, was du hier über Ernährung, Aktivitäten

und Spiele der jeweiligen Sternzeichen liest, als Vorschlag, den du nur umsetzt, wenn das für dein Kind sicher und altersgerecht ist.

Aber wie geht eine Jungfrau mit einem süßen Zwillingskind um? Wie kann eine Waage dem Fischekind geben, was es braucht? Die einzelnen Kapitel zeigen dir, was du von den jeweiligen Sternzeichen erwarten kannst. Außerdem erfährst du, wie ein Mensch mit deinem Sternzeichen auf die Charakterzüge deines Sonnenscheins am besten reagiert. So bekommst du zumindest eine Vorstellung, was eure spezielle Zeichenkombination an Freuden – aber auch Herausforderungen – mit sich bringt. Also mach dich bereit: In diesem Buch erfährst du mehr über dein Kleines, dich selbst und darüber, was die Sterne zu eurer Beziehung zu sagen haben. Lehn dich zurück und genieß die Reise!

Wie du dieses Buch nutzen kannst

Die Astrologie ist eine uralte Methode. Sie beruht darauf, wie Sonne, Mond und die Planeten zum Zeitpunkt der Geburt eines Menschen stehen. Die vollständige Interpretation eines Geburtshoroskops ist eine komplexe Angelegenheit. Doch um Einblick in die Persönlichkeit und das Innenleben deines Kindes zu bekommen, genügen die wichtigsten Grundlagen. Dazu gehört zum Beispiel das Sonnenzeichen. Das Sonnenzeichen ist jenes Zeichen des Tierkreises, in dem die Sonne am Tag der Geburt steht. Hier sind die Daten, die du dafür kennen musst:

DATUM	SONNENZEICHEN
21. März – 20. April	WIDDER
21. April – 20. Mai	STIER
21. Mai – 21. Juni	ZWILLINGE
22. Juni – 22. Juli	KREBS
23. Juli – 23. August	LÖWE
24. August – 23. September	JUNGFRAU
24. September – 23. Oktober	WAAGE
24. Oktober – 22. November	SKORPION
23. November – 21. Dezember	SCHÜTZE
22. Dezember – 20. Januar	STEINBOCK
21. Januar – 19. Februar	WASSERMANN
20. Februar – 20. März	FISCHE

Achtung: Manche Leute sind der Ansicht, dass der Charakter eines Menschen von zwei verschiedenen Zeichen geprägt sein kann. Das ist der Fall, wenn jemand sozusagen »auf der Schwelle« zwischen zwei Zeichen geboren wurde. Andererseits steht die Sonne bei der Geburt eines Kindes entweder im einen oder im anderen Zeichen. Fällt der Geburtstag deines Kindes auf den Zeitraum des Übergangs zwischen zwei Zeichen, kannst du Folgendes tun: Entweder du lässt von einem Astrologen ein genaues Horoskop berechnen. Dazu brauchst du Geburtstag, genaue Geburtszeit und -ort. Oder du liest dir die Charakteristika beider Zeichen durch und entscheidest selbst, was am besten passt. Egal ob du ein Horoskop berechnen lässt oder nach der Beschreibung des Charakterbildes entscheidest: Wenn du das Zeichen ermittelt hast, dann bleib dabei. Du wirst sehen, dass du mit deinem Kind auf eine ganz neue Weise umgehen kannst.

Was du noch wissen musst

Dieses Buch wird dir mehr Freude bereiten, wenn du ein paar astrologische Grundbegriffe kennst. Du musst nicht extra einen Kurs belegen oder dicke Bücher wälzen. Aber wenn dir die Bedeutung folgender Grundbegriffe klar ist, wird dir das eine große Hilfe sein.

- **Die »Planeten«:** In der Astrologie betrachten wir die Himmelskörper strikt aus dem Blickwinkel, den wir hier von der Erde aus haben. Von dieser Warte aus zählen Sonne und Mond zu den »Planeten«, weil sie zentrale Himmelskörper sind, die unser Leben entscheidend prägen. Die anderen einflussreichen Planeten im Geburtshoroskop sind Merkur, Venus, Mars, Jupiter, Saturn, Uranus, Neptun und Pluto. In diesem Buch werden wir uns nicht mit allen beschäftigen, aber wenn du zu einem Astrologen gehst, erfährst du mehr über die jeweiligen Energien und wie sie auf dich, deinen Partner und dein Kind wirken.

- **Der »herrschende Planet«:** Jedes Zeichen steht mit einem der Planeten in engerer Verbindung. Dieser Planet schafft die Atmosphäre des Zeichens und bestimmt den Charakter der Menschen, die unter diesem Zeichen geboren sind.

- **Der »erhöhte Planet«:** Manche Planeten haben sozusagen einen »Zweitwohnsitz« in einem anderen Sonnenzeichen. Dort wirken sie ausgesprochen harmonisch und vertragen sich gut mit der Natur dieses Zeichens. Wenn ein Planet in einem Zeichen steht, in dem er sich wohlfühlt, nennen wir das »Erhöhung«.

DIE EINTEILUNG DER TIERKREISZEICHEN

Die Zeichen werden nach den Elementen eingeteilt, die darin vorherrschend sind. In der Astrologie sind das: Feuer, Erde, Luft und Wasser. Diese Einteilung hat ihre Wurzeln in der antiken Vorstellung, dass die vier Elemente das Gewebe der Welt bilden. Die Elemente prägen die Natur des Tierkreiszeichens und damit auch die Menschen, die unter diesem Sonnenzeichen geboren wurden. Folgende Elemente-Bedeutungen solltest du kennen:

- **Feuerzeichen** (Widder, Löwe und Schütze): Das sind aktive und energiegeladene Menschen, die man sofort bemerkt, wenn sie einen Raum betreten!

- **Erdzeichen** (Stier, Jungfrau und Steinbock): Solche Menschen haben praktisches Geschick, sind vom Typ her eher ruhig und ideenreich und wissen ganz genau, wie sie ihre Ideen umsetzen können.

- **Luftzeichen** (Zwillinge, Waage und Wassermann): Scharfsinn ist das wichtigste Merkmal dieser Menschen. Ihr Verstand findet schnell einen Ausweg aus jeder Situation. Zudem finden sie für ihre Erfahrungen gewöhnlich eine rationale Erklärung.

- **Wasserzeichen** (Krebs, Skorpion und Fische): Für die unter diesen Zeichen Geborenen zählen Gefühle mehr als alles andere. Dementsprechend einfühlsam und empfindsam sind sie. Ihre Instinkte sprechen eine klare Sprache. Sie spüren im Voraus die Bedürfnisse und Emotionen anderer Menschen – lange bevor Freunde, Angehörige oder Kollegen überhaupt wissen, dass sie diese haben!

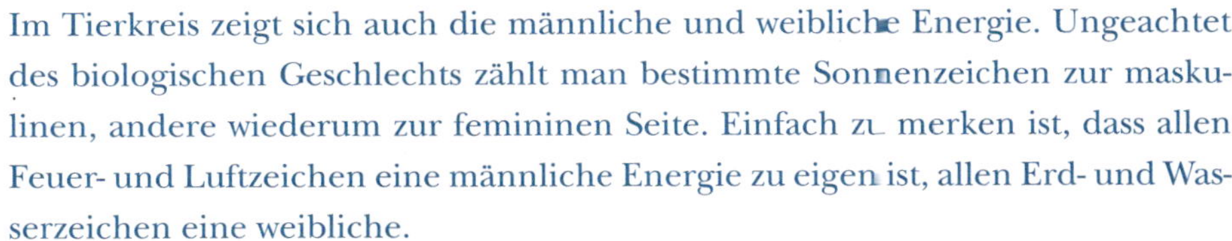

Im Tierkreis zeigt sich auch die männliche und weibliche Energie. Ungeachtet des biologischen Geschlechts zählt man bestimmte Sonnenzeichen zur maskulinen, andere wiederum zur femininen Seite. Einfach zu merken ist, dass allen Feuer- und Luftzeichen eine männliche Energie zu eigen ist, allen Erd- und Wasserzeichen eine weibliche.

Des Weiteren teilt man die Tierkreiszeichen in »Modalitäten« ein. Die Modalitäten sind Kardinalzeichen, Fixe Zeichen und Veränderliche Zeichen. Sie werden von den Jahreszeiten bestimmt, die wiederum in Anfang, Mitte und Schluss unterteilt werden. Im Folgenden findest du die Modalitäten jedes Sonnenzeichens:

- **Kardinalzeichen** (Widder, Krebs, Waage und Steinbock): Sie markieren den Anfang einer Jahreszeit. Menschen mit einer starken Kardinalzeichenbetonung stoßen gerne Dinge an. Allerdings sind sie meist nicht so gut darin, sie auch zu Ende zu bringen.

- **Fixe Zeichen** (Stier, Löwe, Skorpion und Wassermann): Sie bilden die Mitte jeder Jahreszeit. Sie hätten gerne, dass die Dinge so bleiben, wie sie sind. Daher sind sie hoch konzentriert und agieren mehr als nur ein bisschen bewahrend. Sie führen Projekte zu Ende, haben dann aber Schwierigkeiten, etwas Neues anzufangen.

- **Veränderliche Zeichen** (Zwillinge, Jungfrau, Schütze und Fische): Die veränderlichen Zeichen prägen den Ausklang der Jahreszeiten. Sie sind unbekümmert und nehmen die Dinge, wie sie eben sind. Schnelle Entscheidungen aber überfordern sie. Andererseits fällt es ihnen leicht, zu neuen Aufgaben überzugehen.

Nun kennst du die Grundlagen, aus denen sich ein Horoskop zusammensetzt, sodass wir dazu übergehen können, einen genaueren Blick auf die astrologischen Einflüsse bei deinem Kind zu werfen. Bald wirst du wissen, welche verborgenen Persönlichkeitsmerkmale, Herausforderungen und Leidenschaften deinem kostbaren Kleinen innewohnen.

1

Widder:

der temperamentvolle Wildfang

GEBURTSTAG: 21. März bis 20. April
HERRSCHENDER PLANET: Mars – die kriegerische, angriffslustige Seite
ERHÖHTER PLANET: Sonne
FARBE: rot – je strahlender, desto besser
SCHUTZSTEINE: Diamant, Bergkristall

Dein kleiner Widder purzelte ins Leben, als der Frühling gerade die Erde wachküsste. Sobald du dir das vergegenwärtigt hast, weißt du auch, warum dein Kind es für seine Aufgabe hält, alle anderen anzuspornen. Widder ist ein Feuerzeichen, und da es das erste Zeichen im Jahreslauf ist, ist es auch ein Kardinalzeichen. Widder sind intelligent und clever, aber wenn bei ihnen die Post abgeht, dann meist auf körperlicher Ebene. Du wirst von Anfang an feststellen, dass dein kleiner Widder energisch und willensstark ist. Sein Symbol ist der Schafbock mit den starken Hörnern. Das kräftige, energiegeladene und mutige Kind sucht ständig Grenzen, die es überschreiten kann.

Auch ist der Widder ständig in Bewegung. Wenn du diesem Kind nicht genug Anregung verschaffst, wird es diese einfordern, nicht selten, indem es schreit, tritt und um sich schlägt. Wenn dein Widderchen noch nicht laufen kann, beruhige es, indem du mit ihm regelmäßig weite Ausfahrten im Kinderwagen oder Auto machst. Trotzdem sollte dein Sprössling nicht denken, du würdest ihm jeden Wunsch erfüllen. Ein Widderkind testet gerne seine Grenzen und wird immer versuchen, dich zu Dingen zu bewegen, die du wirklich noch nie gemacht hast.

Widderkinder sind Macher. Sie mögen es nicht, wenn man über ein Spiel erst lange redet. Sie wollen den Ball und ab Richtung Tor. Der Widder macht seine Erfahrungen vorzugsweise auf körperlicher Ebene, und auch wenn er nicht gerade ein Schmusekind ist, braucht er doch von Zeit zu Zeit körperliche Nähe. Also nimm ihn ruhig in den Arm, aber pass auf, dass du ihm dabei noch Raum lässt! In gewisser Weise wird der kleine Widder immer nach nonverbalen Signalen suchen, um zu erfahren, ob du vielleicht schon die Geduld verlierst. Allerdings kannst du von deinem Widderkind nicht erwarten, dass es viel Anteilnahme zeigt, wenn du mal einen schlechten Tag hast. Der Widder hat als Kleinkind wenig Einfühlungsvermögen. Er geht auf deine Gefühlslage nicht ein, weil ihm das »Ich bin« die Sicht auf andere verstellt. Zornig wird der Widder, wenn man ihm seinen Freiraum beschneidet. Die Monate, in denen ein Kleinkind zu krabbeln anfängt und den Unterschied zwischen Gefahr und Abenteuer nicht erkennt, können für die Eltern eines Widderchens recht anstrengend sein. Aber eine so starke und umtriebige Seele aufwachsen zu sehen ist die ganze Mühe wert.

Talente und Neigungen

SPORT

Das Widderkind schöpft aus dem Vollen, wo es um physische Energie geht. Diese Power verlangt nach Ausdruck, ob du deinem Kind dabei hilfst oder nicht. Nichts liebt der Widder mehr als den Wettkampf, wobei er aber nie zu Hinterlist und Tücke greift. Der Wunsch nach körperlicher Dominanz ist beim Widder häufig stark ausgeprägt. Aus diesem Grund liebt dein Kind vermutlich Aktivitäten wie Karate oder Turnen mehr als Fußball oder Tennis.

SPRACHE

Die sprachliche Kommunikation erfolgt beim Widder schnell und heftig – oder sie zieht sich in die Länge, wenn dein Kleines frustriert nach Worten sucht. Der Widder kann sich auch ohne Worte verständlich machen, wie du bemerken wirst, wenn der kleine Dickkopf dich durchs Zimmer schleift, weil er ein bestimmtes Spielzeug oder einen Keks haben will. Um die sprachlichen Fähigkeiten dieses Kindes zu fördern, solltest du mit ihm Wortspiele machen: Lass es zuerst das Wort sagen, bevor es das Spielzeug bekommt! Aber sei dir bewusst, dass das vermutlich nicht ohne Kampf abgeht.

FÜHRUNGSQUALITÄTEN

Dass dein Widderkind mal so wird wie alle anderen, musst du tatsächlich nicht befürchten. Es wird nicht einmal so wie du. Der Widder ist die geborene Führungspersönlichkeit. Er wird nie nach der Pfeife anderer Leute tanzen, sondern immer seinen eigenen Rhythmus finden. Andere Kinder schließen sich ihm ganz selbstverständlich an. Achte also darauf, dass du deinem Kleinen von Anfang an positive Zielsetzungen und Absichten vermittelst.

Herausforderungen

Du wirst recht schnell die Erfahrung machen, dass dein Widder ziemlich anstrengend sein kann. All das Winden, Treten und Toben, das dein Kind an den Tag legt, ist – innerhalb bestimmter Grenzen – völlig normal. Dein Widderchen ist ein Energiebündel, das nichts mehr braucht als ausreichend Gelegenheit, sich auf produktive und nützliche Weise auszutoben. Wenn es seine legendären Anfälle bekommt, gib ihm die Möglichkeit, sich körperlich auszupowern. Wenn der kleine Widder nicht bekommt, was er will, wird er explodieren – wenn du Glück hast, nur verbal. Gerade Widderkinder sind bekannt dafür, dass sie in Rage auch mal Bauklötze durchs Zimmer schleudern – auf dich oder andere Kinder. Das Gute daran ist, dass der Widder zwar explodiert, aber dann ist's auch gut. Er vergisst schnell, was ihn auf die Palme gebracht hat. Am Ende wird dein Kind lernen müssen, sein Temperament in den Griff zu bekommen. Ob dies gelingt, hängt ganz von deiner Fähigkeit ab, es zur Einhaltung der Regeln zu bewegen.

Disziplin

Konsequent und ohne Ausnahme die Einhaltung von Grenzen einzufordern ist das Beste, was du für dein Widderkind tun kannst. Denn wenn dein Kind gelernt hat, sich so zu verhalten, dass es für dich und die Gesellschaft akzeptabel ist, entwickelt sich jener unabhängige, leidenschaftliche Führungswille ganz von selbst in eine positive Richtung. Der Widder scheint es immer zu überhören, wenn du »Lass das!« sagst. Vermutlich musst du die Stimme deshalb ein wenig heben. In einem vernünftigen Rahmen kannst du den Dingen auch mal ihren Lauf lassen, damit dein Kind lernt, welche Konsequenzen sich aus seinem Handeln ergeben. Doch unabhängig davon gibt es Situationen, in denen du dazwischengehen musst, weil dein Kleines sonst das Haus abbrennt, die Treppe herunterfällt oder sich in anderer Weise verletzt. Die beste Möglichkeit, deinem Widderkind zu vermitteln, dass du jetzt richtig sauer bist, ist, seine Bewegungsfreiheit einzuschränken. Setze es dann in den Laufstall oder schicke es auf sein Zimmer. Natürlich musst du dann öfter mal nachgucken, was es treibt. Du kannst aber auf jeden Fall mit Geschrei, Geheul und Gezeter rechnen. Wie laut es dann auch werden mag: Erlaube dem Widder keinesfalls, sein Zimmer zu verlassen, solange er sich nicht beruhigt und für sein Fehlverhalten entschuldigt hat.

Was dein Widder am liebsten mag

LIEDER UND ABZÄHLREIME

Hopp, hopp, hopp, Pferdchen lauf Galopp:
Das auf und ab Hopsen ist der entscheidende Punkt.

Das Wandern ist des Müllers Lust: Widder bewegen sich gerne. So wird dein Kleiner überschüssige Energie los.

Es klappert die Mühle am rauschenden Bach:
Lass deinen Knirps sich im Takt des Mühlrads drehen aber pass auf, dass ihm nicht schwindlig wird.

FILME

Peter Pan: Verwegen und mutig, da ist der Widder voll dabei.

Drachenzähmen leicht gemacht: Hier sieht dein Widderkind, dass man Hindernisse überwinden und tolle Sachen erreichen kann – und die Animation ist einfach toll!

Alles steht Kopf: Eine reizende Geschichte, die zeigt, wie man mit Angst und anderen Emotionen umgeht, ohne dabei den Mut zu verlieren.

SPIELE

Folge dem Anführer: Ein Kind wird zum Anführer gewählt und alles, was es tut, müssen die anderen nachmachen. Natürlich wird Widderchen dieser Anführer.

Schnitzeljagd: Der Widder liebt es, die einzelnen Hinweise zu entschlüsseln und am Ende den Schatz zu finden.

Pirat: Auch das Verkleiden und das Fechten mit dem Kinderdegen begeistern das Widderkind.

BÜCHER UND GESCHICHTEN

Der Hobbit von J. R. R. Tolkien: Der Drache und das Heldentum sprechen die Widderseele an.

Hans und die Bohnenranke: Einen Riesen bezwingen? Das hat sich der Widder schon immer gewünscht.

Der Eisenhans (Gebrüder Grimm): Ein Roter Ritter, der mithilfe eines Grünen Mannes einen Angreifer besiegt und eine Prinzessin erobert: Ganz nach dem Geschmack deines Widderkindes!

GESUNDE LECKERBISSEN

Rind oder Seitan: Würzig, köstlich und viel Energie.

Tomatensaft: Ja, ehrlich! Er wird schon die Farbe lieben, ganz zu schweigen vom intensiven Geschmack.

Bananen: Enthalten viel Kalium und schmecken super.

Achtung! Widderkinder essen so, wie sie auch alles andere tun: schnell und exzessiv. Sie mögen eiweißreiche Kost, die sie oft im Gehen runterschlingen.

Der Widder und sein Stil

Widder haben einen ausdrucksvollen Stil und mögen kräftige Farben. Da sie so neugierig sind, gibt es viele Grasflecken auf der Kleidung. Also kauf besser nichts in Pastellfarben und auch nichts, was leicht reißt.

Die unmittelbare Umgebung des Widders

Wenn du überlegst, wie unglaublich hitzig (und ermüdend) dein kleiner Widder ist, dann hältst du es vielleicht für eine gute Idee, sein Kinderzimmer in »kühlen« Farben wie Blau und Purpur zu gestalten. Investiere lieber nicht zu viel in diesen schönen Plan. Denn beim Widder kühlen eher leuchtende Farben wie Rot, Orange und Knallpink das feurige Wesen.

Wie du den Widder beruhigst

Kleine Widder weinen öfter als andere Kinder. Die Tränen fließen vor allem dann, wenn sie sich nicht beachtet fühlen. Doch Widderkinder weinen ohnehin häufig. Du musst also ein gewisses Gespür für die Tonart entwickeln. Hunger und Unbehagen werden am lautesten signalisiert, und du wirst lernen, dass du darauf flott reagieren solltest. Widder leiden auch häufig unter Kopfschmerzen – das ist bei deinem Kind der sensibelste Körperteil. Manchmal musst du es auch beruhigen, weil es nicht bekommt, was es will, und deshalb wütend ist. In beiden Fällen kannst du den Kopf deines Widderkinds sanft massieren, und siehe da: Das Toben hört auf.

Wenn du den bockigen Dreikäsehoch zum Schlafen bringen willst, solltest du ihn müde machen. Als Baby kannst du ihn kitzeln, damit er ordentlich quietscht und strampelt. Sobald er laufen kann, solltest du ihm regelmäßig Gelegenheit geben, sich auszupowern. Sport ist da immer eine gute Idee, aber es genügt manchmal schon, wenn du dein Kleines mal ums Haus jagst.

Anregungen für das Widderkind

Widderkinder wirken schnell überreizt, aber Vorsicht: Schätze ihre Bedürfnisse und Forderungen nicht verkehrt ein. Diesem Sternzeichen musst du die Möglichkeit geben, seine impulsive Energie abzubauen und zudem seine Aufmerksamkeitsspanne zu erhöhen. Versuch's mal damit:

- **Sport:** Möglichst schon als Kleinkind, und natürlich machst du mit.
- **Astronautenhelm:** Das riecht nach Freiheit und Abenteuer – und natürlich kannst du so den empfindlichen Kopf deines Kleinen schützen.
- **Knetmasse:** Selbst wenn dein Kind kein Bildhauer ist, wird es das Kneten, Formen und Bauen anregen, weil es so ungeheuer produktiv sein kann.

Der Lernstil des Widders

Der Widder lernt durch praktisches Tun. Aus diesem Grund hat er die Finger an allem, was er nicht anfassen soll, und versucht ständig, alles selbst zu machen (z. B. gehen oder krabbeln, bevor er das wirklich kann). Nimm dein Widderkind in Erlebnis- und Mitmachmuseen mit, in denen es tasten, staunen und experimentieren kann. Wenn es dabei noch laufen oder toben kann, umso besser! Bemühe dich, einen Lehrer zu finden, der aktive Kinder wie das deine versteht, der weiß, dass er dem Widder beibringen muss, wie er seine Energie kanalisieren kann, statt sie zu unterdrücken.

Wie du dein Widderkind erziehst

Ratschläge für dich als …

WIDDER

Es ist ein Geschenk, wenn dein Kind demselben Sonnenzeichen angehört wie du, aber vergiss nicht, was dem Widder am wichtigsten ist: Unabhängigkeit und Individualität. Du empfindest dich schon als anstrengend, aber für dein Kind gilt das noch viel mehr. Seine Sätze beginnen immer mit: »Ich will aber …« Deine Angehörigen werden sich fragen, ob eine Wohnung genug Raum für zwei so leidenschaftliche Persönlichkeiten bietet, aber zu guter Letzt lachst du doch, weil du jeden Moment mit diesem wunderbaren Kind genossen hast. Bis dahin musst du allerdings selbst reifer werden *und* dein Kind erziehen. Dabei ist deine Hauptaufgabe, ihm beizubringen, dass sich die Welt nicht nur um diesen zauberhaften kleinen Widder dreht.

Dein Kind muss diese Lektion früh lernen, also führe es in die Kunst der sozialen Integration ein, indem du es immer wieder mit zu anderen Kindern nimmst, wo es lernt, sich der Gruppe anzupassen. Kinderturnen, ein Schwimmkurs oder Judo: Das Austoben in der Gruppe bietet deinem Kleinen die Möglichkeit zu glänzen, aber auch die Freuden von Kooperation und Freundschaft kennenzulernen. Hinterher könnt ihr euch ja zur Belohnung ein Eis spendieren.

STIER

Stolze Eltern sind voller überwältigender Liebe, wenn sie ihr Kleines nach Hause bringen. Aber kaum hast du dein leicht erregbares Widderchen daheim, befällt dich vermutlich die Panik. Wie sollst du die Ruhe und Stille deiner Welt aufrechterhalten, wenn du mit einem Widder zusammenlebst? Nun, du musst eben dein eigenes inneres »Biest« finden. Ist dein Widderkind anstrengend, musst du Taktiken finden, die seine aggressive Seite dämpfen. Bleib bei deinen Regeln und gib nicht nach. Auf diese Weise wirst du kurzfristig vielleicht nicht der beste Freund des kleinen Widders, aber auf lange Sicht wird er dich respektieren und voller Liebe zu dir aufsehen.

Hat der Widder einen seiner Temperamentsausbrüche, dann reagiere keinesfalls in gleicher Weise. Zeige deinem Kind, dass es zwar in Ordnung ist, wütend zu werden, aber dass es sinnvoller ist, über das Ganze zu reden oder Lösungen zu finden, statt seine Wut auszutoben. Ich weiß, du neigst nicht gerade zu sportlicher Betätigung. Für deinen kleinen Widder aber ist ein aktives Leben wichtig, und für deine Gesundheit ebenso. Zeig ihm, wie er seine Talente entwickeln und ihnen voller Leidenschaft nachgehen kann. Dann wird dieser unerschrockene kleine Schlingel am Ende all seine Kraft in eine erfolgreiche Karriere investieren.

ZWILLINGE

Bevor du dein Widderkind nach Hause bringst, solltest du eines wissen: Die süßesten Worte der Welt werden es nicht dazu bringen, dass es sich benimmt und schon im Kindergarten charmant Konversation macht. Du wirst von diesem Böcklein lernen, dass es ein Leben außerhalb deines Freundeskreises gibt. Schau ihm zu, wie es Tag für Tag die Welt erkundet. Dann wirst auch du den Wert ursprünglichster körperlicher Empfindungen kennenlernen. Außerdem musst du deine Aufmerksamkeitsspanne deutlich erhöhen, sodass du dein Widderkind immer auf dem Schirm hast. Denn der kleine Widder gerät schneller in Schwierigkeiten, als du gucken kannst. Also hast du am besten immer ein Auge auf ihn und bleibst in der Nähe, damit du einschreiten kannst, bevor es problematisch wird.

Wenn der kleine Widder sich nicht beruhigt, solltest du deine natürliche Begabung der Manipulation einsetzen, um ihn abzulenken. Du bist ein begabter Entertainer. Daher kannst du die Aufmerksamkeit des Widderchens leicht darauf lenken, was du gerade mit der Serviette oder seinem Spielzeug anstellst. Du und dein Kind – ihr müsst beide lernen, euch zu konzentrieren. Also spiel Gedächtnisspiele mit ihm oder veranstalte einen spielerischen Buchstabier-»Wettbewerb«. Wenn du eure Unterschiede zu schätzen weißt, wirst du von diesem unglaublich dynamischen Kind eine Menge lernen, während du es ins Leben begleitest.

KREBS

Für dich stellt das Widderkind vermutlich die aufregendste Möglichkeit von allen dar. Das kleine Energiebündel kriegt dich schnell müde, und du wirst dir wünschen, dass es mehr Geduld hätte. Aber die schiere Liebe zum Leben, die das Kleine ständig an den Tag legt, lässt dein Herz dahinschmelzen. Vermutlich wirst du einige unerwartete Erfahrungen machen, während du den Knirps mit bedingungsloser Liebe überhäufst.

Der Widder liebt die Geborgenheit und das Kuscheln mit dir, aber er tut das vermutlich nicht ständig. Vielleicht hast du das Gefühl, dass dein Kind sich von dir befreien möchte, so als hieltest du es gefangen. Dabei willst du doch nur deine Zuneigung zeigen.

Das Bedürfnis nach Freiheit, danach, jederzeit überall hinzudürfen, ist für die unter dem Zeichen des Widders Geborenen ein Wesenselement. Aber natürlich muss dieses Bedürfnis innerhalb bestimmter Grenzen gelebt werden. Daher musst du Mittel und Wege finden, wie du dein Widderkind frei herumstreifen lassen kannst, ohne dass es sich selbst gefährdet. Wenn der Widder dich wegstößt, solltest du dich nicht in deinen Gefühlen verletzt sehen. Dieses Kind weiß deine Bemühungen zu schätzen, vor allem wenn du seinen Freiheitsdrang verstehst.

LÖWE

Wenn du dein Widderbaby kennenlernst, wirst du tagelang mit stolzgeschwellter Brust und einem Dauerlächeln auf den Lippen herumspazieren. Dieses wache, aktive und temperamentvolle Kind erscheint dir als Klon deiner Persönlichkeit. Zumindest anfangs. Tatsächlich hast du vieles mit dem Widderkind gemeinsam: Ihr seid beide kontaktfreudig und freundlich. Und ihr schätzt Führungsrollen – und genau hier kann es zu Reibereien kommen!

Du bist es vielleicht gewohnt, dass die Leute sich an dich wenden, wenn sie Ermutigung und eine klare Ansage brauchen. Der Widder aber denkt, dass du ihm folgen solltest! Schon als Kleinkind stellt er deine Autorität infrage und hält mit einer absolut erstaunlichen Willenskraft dagegen. Das Widderkind schreit, tritt und windet sich, bis du dein durchsetzungsfähiges Kleines so an die Brust legst, dass es sich wohlfühlt. Natürlich kannst du hier auch Strenge zeigen, aber das bringt nicht unbedingt gute Ergebnisse. Um den Widder dazu zu bringen, sich an gesunde und sichere Grenzen zu halten, musst du ihm zeigen, wer der Boss ist – ohne dabei die Bewunderung für den ungezähmten Geist deines Kleinen zu verlieren. Unternimm mit ihm Dinge, die zeigen, dass du ihm an Kraft und Geschicklichkeit überlegen bist. Du wirst seinen Respekt gewinnen, wenn du dein Führungspotenzial und dein Können deutlich machst. Werft euch Bälle zu oder nimm dein Widderkind mit in den Swimmingpool, wo es sich austoben kann. Lass dein Kind ruhig immer schneller laufen und höher springen, aber zeige ihm auch, dass du da bist, falls es fallen sollte. Das wird dir seine Achtung sichern.

JUNGFRAU

Du glaubst wahrscheinlich, du hättest die Sache mit dem Elternsein voll im Griff – vom Windelkauf bis zum Doktorgrad. Aber dein Widder-Kind wird dafür sorgen, dass nichts so funktioniert, wie dein Plan es vorsieht! Die unberechenbare und pulsierende Energie des Widders wird dich auf Trab halten. Er neigt nun mal zum Abenteuer, was so manche Verletzung mit sich bringt und einiges an Chaos verursacht. Bist du mit diesem Kind tatsächlich verwandt?

Du kümmerst dich um jedes Detail, der Widder interessiert sich dafür nicht die Bohne. Du hast es gern sauber und ordentlich, dein Widderchen aber lässt lieber alles stehen und liegen. Das Kind, von dem du dachtest, du könntest es im Arm halten und ihm vorlesen, kann es nicht ausstehen, wenn es sich festgehalten fühlt. Es zu beschäftigen und zufriedenzustellen wird dich körperlich und geistig einiges an Kraft kosten. Doch es gibt etwas, was dir deine Aufgabe erleichtern könnte: Mach dich locker. Du wirst dich davon verabschieden müssen, dass deine Wohnung immer so pieksauber ist wie früher. Oder dass der kleine Widder sich an einen strengen Stundenplan hält. Doch wenn du dein Herz öffnest und lernst, mehr zu lachen, wird es dir eine Freude sein, dieses kluge, selbstbewusste und abenteuerlustige Kind heranwachsen zu sehen.

WAAGE

Du siehst die Dinge vermutlich selten so wie dein Widderkind, andererseits könnt ihr beide viel voneinander lernen. Das spürst du vermutlich schon, wenn du dieses kräftige und aktive Kind im Arm hältst. Widder sind Willenskraft pur. Du wirst einige Zeit brauchen, bis du das verstanden hast, und vielleicht Probleme damit haben, dich auf die ganzen Streitigkeiten einzulassen, die nötig sind, um diesem Kind verantwortungsbewusst seine Grenzen aufzuzeigen.

Du wirst dich daran gewöhnen müssen, dass in deinem Umfeld nicht immer Ruhe und Frieden herrschen. Der Widder macht Lärm und braucht Aufregung. Nur so fühlt er sich richtig lebendig. Achte darauf, dass deine Wohnung so gestaltet ist, dass dieses lebhafte Kind sich nicht verletzt. Aber du solltest ihm nicht alles verbieten, was es machen möchte. Das Widderkind braucht schließlich deine Unterstützung.

Der Widder bleibt lange Kind, manchmal sogar bis ins Erwachsenenalter. Während du selbst deinen Fokus eher auf deine Mitmenschen legst, denkt der kleine Widder zuallererst an sich, was nicht immer angemessen ist. Zeige deinem Kind, dass es guttut, einen besten Freund zu haben, der immer für einen da ist.

SKORPION

Du und dein Widderknirps versteht euch auf vielen Ebenen. Doch es wird auch Momente geben, in denen die Beziehung frustrierend ist. Dieses Kind ist alles andere als formbar oder leicht zu trösten. Es erweist sich ganz im Gegenteil als beinahe erschreckend unabhängig. Einerseits nervt es dich, wenn du dein Kind nicht kontrollieren kannst – andererseits aber bewunderst du diese Unabhängigkeit auch.

Du musst dem kleinen Widder klare Grenzen setzen, und als Skorpion bist du durchaus in der Lage dazu. Vielleicht hast du ja ein Widderkind bekommen, damit du lernst, wie du beim Ausmalen im Bereich der Linien bleibst – buchstäblich und im übertragenen Sinne. Biete dem kleinen Widder die Möglichkeit zur körperlichen Aktivität, aber innerhalb bestimmter Grenzen und Strukturen. Weder du noch dein Kind haltet euch gerne an die Regeln, aber als Elternteil ist es deine Aufgabe, dem lebhaften Widder beizubringen, warum es wichtig ist, die Regeln und ihre Bedeutung zu kennen. Halte dich mit Missbilligung zurück und versuche keinesfalls, den Willen des Widders zu brechen. Seiner Energie einen gesunden Rahmen zu geben ist gut. Ihn zu fesseln aber wäre ein Riesenfehler!

SCHÜTZE

Du findest die Extra-Energie des Widders von Anfang an super. Wie du legt auch das Kleine eine Begeisterung und Vitalität an den Tag, die weit über das hinausgehen, was die meisten Menschen als »normal« empfinden. Es macht Spaß, ein Kind zu haben, das mit dir in puncto Ausdauer und emotionaler Intensität mithalten kann. Doch bevor du anfängst, dich damit allzu wohlzufühlen, musst du ein paar Dinge über dieses Kind wissen, mit dem du so gerne zusammen bist.

Der Widder wird von Anfang an versuchen, dich unter Kontrolle zu bringen. Dabei nutzt er deinen Wunsch aus, geschätzt zu werden. Er registriert genau, wie oft du kommst, wenn er schreit. Aber das sollte keine ungesunden Ausmaße annehmen. Du bist gerne der »nette« oder »coole« Elternteil, aber mitunter musst du den kleinen Widder ausbremsen. Zeig ihm, was Fairness heißt, auch wenn du zu deinem mitunter dickköpfigen Böcklein mal »unfair« sein musst. Widderkinder müssen Konsequenzen sofort zu spüren bekommen. Wenn dein Kind also penetrant wird, zeige ihm, was passiert, wenn du den Druck zurückgibst. (Natürlich nicht im wörtlichen Sinne!) Wenn du deinem Kleinen zeigst, wie er mit anderen Menschen zurechtkommt, tust du das Beste für deinen so wunderbar tatkräftigen kleinen Widder.

STEINBOCK

Du glaubst vielleicht, dass du der Boss bist, aber dein Widderkind hat da andere Vorstellungen. Du bist zwar durchaus in der Lage, deinen Dreikäsehoch nicht dein ganzes Leben bestimmen zu lassen, aber seine dominante Persönlichkeit amüsiert dich auch. Dein Widder-Steppke hat etwas an sich, was du trotz aller Wutanfälle spannend findest. Du verstehst, woher der kleine Widder kommt. Aber du weißt auch, wie wichtig es ist, dass er lernt, in der Welt und manchmal auch gegen sie zu überleben.

Du bist viel zu klug, um der Annahme aufzusitzen, du könntest einem Kind mit einem so starken Willen einfach sagen, was es tun soll, und dann zusehen, wie genau das passiert. Allerdings weißt du auch instinktiv, wie du den kleinen Widder belohnen kannst, wenn etwas geklappt hat – oder ihn ignorierst, wenn er sich vorsätzlich schlecht benimmt. Doch das ist das Schlimmste, was du einem so auf sich selbst bezogenen Kind antun kannst. Also sei nicht grausam zu ihm. Wenn du den Widder aber auf deine Zustimmung warten lässt, dann bringst du ihm eine wichtige Lektion bei: wie zufriedenstellend und erfreulich es ist, wenn man seine Belohnung aufschiebt.

WASSERMANN

Du und dein kleiner Widder, ihr stammt aus verschiedenen Welten. Aber wenn du ein wenig Arbeit investierst, könnt ihr eine gemeinsame Ebene finden. Das Erste, was dir am Widder auffallen wird, ist die Tatsache, dass er die Welt auf eine sehr körperliche Weise erfährt. Dieses Kind muss die Dinge berühren, um sie zu erkennen. Und das frustriert dich, vor allem wenn das Widderchen dabei deine kostbaren Sammlerstücke zu ruinieren droht.

Der kleine Widder wird vermutlich nie so kopflastig wie du, aber das heißt nicht, dass er nicht klug wäre. Das merkst du spätestens, wenn dein Widder-Wichtel die schicke Kindersicherung am Süßigkeitenschrank mit links geknackt hat! Der beste Weg der Kommunikation mit dem Widderkind ist, alles, was du tust oder sagst, lustig erscheinen zu lassen. Der Widder besitzt viel Humor und wird noch lange kichern, wenn du ihm mit ausladenden Gesten zeigst, was passiert, wenn er die Herdplatte berührt oder einfach so über die Straße rennt. Über kurz oder lang wird er es dir danken, dass du ebenso unterhaltsam wie liebevoll und fürsorglich bist.

FISCHE

Keine Angst, wenn der Widder laut brüllt und heult. An deinem Widderkind ist nur wenig sanft und empfindsam. Aber du wirst dich in dieses Kind verlieben, wenn du siehst, wie mutig und edel es handeln kann. Selbst als Kind hat der kleine Widder etwas Heldenhaftes. Schon wenn er lernt zu gehen und dabei immer umfällt, wirst du mit Erstaunen zusehen, wie oft er wieder aufsteht und es noch mal versucht – trotz der Gefahr, sich den Kopf zu stoßen.

Das Wichtigste, was du deinem Widderkind beibringen kannst, ist Einfühlungsvermögen. Der Widder interessiert sich gewöhnlich nicht dafür, wie es anderen Menschen geht – im Gegensatz zu dir. Zeig dem Widder durch dein Beispiel, dass man durchaus viel gewinnt, wenn man liebevoll und fürsorglich ist – zum Beispiel Freundschaft, Bewunderung und Liebe. Achte darauf, dass dieses Kind keine allzu krassen Ängste entwickelt. Du magst das Gefühl haben, dass das Unglück immer gleich um die Ecke lauert. Aber du musst den kleinen Widder auf dem Spielplatz laufen und die Leiter raufklettern lassen, vor allem, wenn er das zum ersten Mal macht. Du kannst ihn nicht vor jedem Sturz bewahren. Aber du kannst in der Nähe sein, um ihn im Notfall zu knuddeln (und ihm ein Pflaster zu verpassen).

2

Stier:

der ruhige Dickkopf

GEBURTSTAG: 21. April bis 20. Mai
HERRSCHENDER PLANET: Venus – die erdige, sinnliche Seite
ERHÖHTER PLANET: Mond
FARBE: Braun, Beige, strahlendes Grün
SCHUTZSTEINE: Smaragd, Peridot

Wenn du auf der Entbindungsstation auf deinen kleinen Stier oder andere, um die gleiche Zeit geborene Kinder blickst, wird dir vermutlich etwas auffallen: Diese Kinder schreien und strampeln kaum. Fast jeder Stier ist ruhig und sanft. Das zeigt sich in der Kindheit mehr als in jeder anderen Lebensphase. Die Verhältnisse am Anfang des Lebens entsprechen ziemlich genau den Vorstellungen des Stiers von einer idealen Welt: nichts, was man erledigen müsste, Essen und Trinken werden regelmäßig »geliefert«, und man wird von anderen Menschen gekleidet und gesäubert. Jedes Bedürfnis wird auf der Stelle erfüllt. Dein kleiner Stier kommt in der Mitte des Frühlings zur Welt und gehört zu den Fixzeichen. Kann man dem süßen Winzling da vorwerfen, dass er es gerne immer so hätte?

Der Stier versucht stets, den Stand der Dinge beizubehalten. Das hat natürlich auch gute Seiten, denn der Stier wird nichts dagegen haben, wenn er sich Tag für Tag nach deinen Plänen richtet. Problematisch wird's erst, wenn du den ruhigen, sanften Fluss dieses Kleinen durcheinanderbringst. Der kleine Stier verändert sich, wenn überhaupt, nur sehr langsam. Das kann dazu führen, dass er in seiner Entwicklung zurückbleibt, vor allem wenn es heißen sollte, dass er Verantwortung übernehmen muss.

Stierkinder sind praxisorientiert und produktiv, aber schlecht zu motivieren. Am besten klappt es, wenn man ihnen genau erklärt, wie etwas gemacht werden muss. Dann zeigen sie sich ungewohnt kooperativ. Natürlich gibt es auch Dinge, die der Stier so gar nicht mag. Wenn du ihn trotzdem dazu bekommen willst, sich nach dir zu richten, kannst du dich auf einen harten Kampf gefasst machen! Das ruhige, friedliche Bündel, das du gerade aufgeweckt hast, wird stocksteif und ist durch nichts davon zu überzeugen, dass es jetzt ein Bad nehmen soll. In diesem Moment merkst du vermutlich, warum dieses Zeichen »Stier« heißt, was man auch mit »stur« übersetzen könnte. Du musst den Stier langsam überreden. Gewöhnlich klappt das, wenn du deinen kleinen Gehörnten mit Spielsachen oder anderen Dingen lockst, die er gern mag.

Talente und Neigungen

SAMMELN

Der Stier zieht Befriedigung daraus, Dinge zu sammeln und so aufzustellen, dass er seine Sammlung immer im Auge behalten kann. Obwohl der Stier zwischendrin zu großzügigen Gesten fähig ist, hat er doch ein sehr klares Bewusstsein dafür, was »mein« bedeutet. Es beruhigt ihn, wenn er Dinge sammeln kann. Das können Stofftiere sein, aber auch Spieluhren. Später werden dann kostbarere Dinge daraus. Der Stier ist bekannt dafür, einen kostspieligen Geschmack zu haben, also fängst du am besten mit altersgerechten, nicht allzu teuren Dingen an.

SPRACHE

Der Stier orientiert sich in der Welt durch Berührung und Gehör. Es könnte also gut sein, dass dein Kind sich als sprachbegabt erweist. Sogenannte Fühlbücher, deren Abbildungen man auch betasten kann, zeigen ihm, wofür Sprache da ist. Wenn der Stier neue Wörter gelernt hat, solltest du ihn anregen, sie zu benutzen, wenn er Essen, Trinken oder Spielzeug haben möchte. Tust du das nicht, wird dein Stierbaby grunzen, gurren und am Ende schreien, um zu bekommen, was es will.

BAUEN

Der Stier ist eine konstruktive Kraft in der Welt. Du wirst bald merken, dass dein Kind gerne etwas Zweckmäßiges tut. Steckspielzeug, Bauklötzchen und Plastikteile, mit denen man Türme und Zeichentrickfiguren nachbauen kann, werden schnell zu Lieblingsspielsachen. Später im Leben kannst du diesen Charakterzug verstärken, indem du ihm Modelle besorgst, die er zusammenbauen muss – oder Videospiele, mit denen er ganze Städte, Fantasiewelten und Planeten erschaffen kann.

Herausforderungen

Der Stier ist ein durch und durch ruhiges Baby. Warum also solltest du zögern, deinem Kind zu geben, was es sich wünscht? Nun, wenn der Stier heranwächst, will er immer noch mehr haben. Daher musst du dem Stierkind von Anfang an Genügsamkeit beibringen und es zum Ehrgeiz erziehen, nicht nur zum Ansammeln von Dingen. Dein Kind kann ohne deine Unterstützung nicht lernen, wie es auf den Topf geht, sich die Schuhe bindet oder sich allein anzieht. Aber deine Aufgabe ist nicht nur, ihm die Technik zu zeigen. Du musst auch stark bleiben, wenn es seinen Dickkopf aufsetzt. Der sanftmütige kleine Stier wird dich zunächst total bezaubern. Aber wenn er dann größer wird, kommt schnell auch der bockige Bulle zum Vorschein, dessen Nüstern Feuer speien, vor allem wenn er unzufrieden ist, etwas nicht tun will oder seinen liebsten Besitz teilen soll. Du musst auch diesen Charakterzug deines Stierkindes kennen. Denn es entwickelt sich schnell zum kleinen Tyrannen, der von Eltern und Bezugspersonen Spielzeug, Essen und Verhalten einfordert, als hätte er das Kommando. Wenn du nicht willst, dass dein Kleines sich in einen Mini-Diktator verwandelt, musst du stark bleiben. Du musst mindestens ebenso stur sein wie der kleine Stier, vor allem wenn er einen seiner berühmten Wutanfälle bekommt.

Disziplin

Die meisten Kämpfe haben vermutlich damit zu tun, dass du von deinem Stierkind etwas verlangst, was es nicht machen will: Spielsachen aufräumen, Zähne putzen, Schuhe anziehen … den Stier dazu zu bringen, selbst einfache Bitten zu erfüllen, erfordert Zeit. Also planst du am besten immer ein paar Minuten mehr ein, wenn du pünktlich sein musst. Es ist nicht leicht, den Stier dazu zu bringen, mit etwas aufzuhören, um etwas anderes zu machen. Das ist vor allem so, wenn zum Beispiel Videospiele oder andere Beschäftigungen kein »natürliches« Ende finden. Da Stiere ausnahmslos immer beenden, was sie angefangen haben, empfinden sie es als Zumutung, mittendrin abbrechen zu müssen. Wenn du dein Kind vom »Spiel« wegbringen und zur »Arbeit« anhalten möchtest, stellst du am besten klare Regeln auf. Stell den Wecker, wenn der kleine Stier das Haus verlassen oder sich vor dem Abendessen die Hände waschen soll. Mit einer Uhr gerät man nicht so leicht in Streit wie mit einem Elternteil. Wenn du total verzweifelt bist, dann schnapp dir ein oder zwei Lieblingsobjekte deines Mini-Stiers und sperr sie weg, bis er tut, was er soll. Denn neben dem Gefühl von Sicherheit sind seine Besitztümer das, was dem Stier für sein Glück am wichtigsten ist.

Was dein Stier am liebsten mag

LIEDER UND ABZÄHLREIME

Wer will guten Kuchen backen, der muss haben sieben Sachen: Ein Stier liebt so etwas.

Happy: Der Stier wird von Pharrell Williams' Ode an die Freude entzückt sein.

Guten Abend, gut Nacht, mit Rosen bedacht: Stiere lieben Blumen. (Stier Ferdinand übrigens auch.)

FILME

Toy Story: Für den Stier haben seine Besitztümer ohnehin Persönlichkeit.

Spider-Man – A New Universe: Das zeigt dem kleinen Stier, dass es sich lohnen kann, die Komfortzone zu verlassen.

Aladdin: Welcher Stier hätte nicht gerne einen Flaschengeist, der ihm seine Wünsche erfüllt?

SPIELE

Campen: Was würde der kleine Stier mit in die Wildnis nehmen?

Ochs am Berg: Lehrt das Stierkind den Unterschied zwischen gehen und stehen bleiben.

Schnitzeljagd: Dabei lernt der kleine Stier, dass man sich Schätze auch erobern kann.

BÜCHER UND GESCHICHTEN

Ferdinand, der Stier von Munro Leaf: Ein pazifistischer Bulle zeigt dem Stierkind, dass ein friedliches Naturell auch seine Vorteile hat.

Die Stadtmaus und die Landmaus von Äsop: Schöne Fabel, die deutlich macht, dass weniger manchmal mehr ist.

Die Geschichte von König Midas: Eine weitere Mär, die zeigt, wohin extremer Materialismus führen kann.

GESUNDE LECKERBISSEN

Käse: Geschmack, Konsistenz und Protein sind für den Stier wichtig.

Himbeeren: Püriert oder kleingeschnitten befriedigen sie auf natürliche Weise die Neigung des Stiers zu Süßigkeiten.

Apfelmus: Köstlich und gut für die eher langsame Verdauung des Stiers.

Achtung! Der Stier liebt das Essen, wobei er auf Konsistenz und Temperatur ebenso viel Wert legt wie auf Geschmack. Da er schon früh einen persönlichen Geschmack entwickelt, solltest du schon dem Kleinkind eine vielfältige Auswahl anbieten.

Der Stier und sein Stil

Praktisch, aber flauschig – so mag es der Stier. Die Kleidung sollte weich und bequem sein. Dein Stierkind wird sich nicht für lebhafte Farben entscheiden. Es schätzt neutrale Farbtöne mehr.

Der Stier in seiner unmittelbaren Umgebung

Der Stier hat lieber eine Sache von bester Qualität als ein ganzes Zimmer voller Kruscht. Eine Kuscheldecke kommt im Kinderzimmer immer gut an, ein Plüsch-Kindersessel ist eine schöne Idee für das erste Möbelstück des Kleinen.

Wie du den Stier beruhigst

Selbst Stierkinder weinen manchmal, gewöhnlich dann, wenn sie sich aus irgendeinem Grund nicht wohlfühlen. Der Stier verlangt nicht viel Aufmerksamkeit oder Unterhaltung. Wichtig ist nur, dass du seine grundlegenden Bedürfnisse regelmäßig und zuverlässig befriedigst. Der Stier ist eines der schwierigsten Kinder, wenn es auf Reisen geht, vor allem dann, wenn dabei Zeitzonen überschritten werden. Dein kleiner Stier braucht Wochen, um zur »Ferienzeit« aufzuwachen bzw. einzuschlafen. Ihr werdet also mit Jetlag zu tun bekommen. Auch wenn Gäste über Nacht bleiben, kann das Stierkind dies störend finden. Stierkinder müssen zu einer bestimmten Zeit einschlafen bzw. aufwachen. Ist dein Stierkind aufgebracht, dann rede ganz ruhig mit ihm oder streichle ihm über den Nacken bzw. um die Ohren. Da heilt das verletzte Ego schneller, genau wie Beulen und Schürfwunden. Dein Stierkind muss trotz aller angeborenen Stabilität und der stolzgeschwellten Brust von dir hören, dass alles in Ordnung ist.

Anregungen für das Stierkind

Der Stier neigt dazu, nur das zu tun, was er immer tut. Du musst ihm also ständig neue Ideen und Herausforderungen bieten. Zum Beispiel:

- **Puzzlespiele auf dem Fußboden:** Der Stier muss herumlaufen, um die Stücke an seinen Platz zu legen.

- **Fühlbücher (taktile Bücher):** Wenn der Stier mit seinen Fingerchen über Sandpapier und Fell streicht, lernt er schneller.

- **Lego:** Gib deinem Stier die Möglichkeit, etwas zu bauen.

Der Lernstil des Stiers

Der Stier lernt durch Versuch und Irrtum. Wenn du siehst, wie er beim Steckspiel einen eckigen Klotz in ein rundes Loch zu quetschen versucht, dann lass ihn die Erfahrung machen, dass das schwierig ist. Du wirst dich wundern, mit welcher Ausdauer dein kleiner Stier umzusetzen versucht, was er für richtig hält. Und das ist kein schlechter Charakterzug. Die Schule wird einen sehr aufmerksamen und hartnäckigen Schüler erleben, der eine Herausforderung annimmt und dranbleibt bis zum Schluss.

Wie du dein Stierkind erziehst

Ratschläge für dich als …

WIDDER

Dein ruhiges, friedliches Baby scheint durch und durch unschuldig zu sein. Was könnte man sich Schöneres wünschen als ein Kleinkind, das dich (in gewisser Weise) dein gewohntes Leben weiterführen lässt und viel schläft, sei es nun in der Wiege oder im Kinderwagen oder in einer sicheren Babytrage an deiner Brust? Tatsächlich ist die Sanftmut des kleinen Stiers eine echte Tugend. Aber es wäre ein Fehler zu glauben, dass das immer so bleiben wird und dein Kleines sich stets nach deinen Wünschen richtet.

Es gibt grundlegende Unterschiede zwischen dir und dem Stier, für die du eine Lösung finden musst. Der wichtigste ist zweifellos, dass du immer auf Achse bist, während der Stier seine Ruhe haben will. Das Stierkind ist genauso willensstark wie du, ihr müsst euch also irgendwo in der Mitte treffen. Wenn du nicht ganz so stark aufs Gas trittst und dem Stier körperliche Bewegung in kleinen Dosen verpasst, dann werdet ihr beide Spaß haben.

STIER

Du kannst dich echt nicht beschweren, denn du hast ein Baby, das nicht viel Krach macht und wie du Ruhe, Frieden und Routine schätzt. Von Anfang an wirst du voll Freude feststellen, dass dein Kleines auf deine Vorschläge gerne eingeht. Die Flitterwochen der frühen Monate ermöglichen euch, ein Band zu knüpfen, das dir verdeutlicht, wie sehr du dieses Kind liebst. Aber die Flitterwochen sind bald vorüber. Sobald dein Stierkind unabhängig genug ist, um dir Widerstand zu leisten, kommt es zur großen Schlacht.

Dieses Kind zu erziehen verlangt von dir, dass du deine mangelnde Flexibilität aufgibst, damit du dem kleinen Stier zeigen kannst, wie das Weniger-unbeweglich-Sein geht. Das heißt nicht, dass du jeder Laune deines Kleinen nachgeben musst. Aber du kannst ihm durch dein Beispiel zeigen, dass es »nett« ist, wenn man Kompromisse schließen kann. Die Kunst der Verhandlung liegt dem Stier, auch wenn er meist von der Annahme ausgeht, alles sei sein. Mach mit ihm Spiele, bei denen er lernt, dass man nicht alles haben kann und dass dieses Wissen wichtig ist. Auf dem Weg zu dieser Einsicht werdet ihr beide wichtige Lektionen lernen.

ZWILLINGE

Die Zufriedenheit, die sich in jedem Lächeln deines kleinen Stiers zeigt, wird dich verzaubern. Dieses ruhige Kind ist eine Freude für jeden Haushalt. Sicher bist du erleichtert, dass du nicht jede Nacht damit zubringen musst, dein Baby davon zu überzeugen, dass es Zeit zum Schlafen ist. Du wirst dich freuen, dass dein Kleines alles Gelernte praktisch umsetzen kann, und stolz darauf sein, dass das Stierlein mit deiner Hilfe die einzelnen Stufen seiner Entwicklung pünktlich oder sogar vor der Zeit meistert.

Allerdings habt ihr beide sehr unterschiedliche Formen der Kommunikation. Du fasst gerne alles in Worte, während der Stier Empfindungen und Gefühle auf eine subtilere Weise ausdrückt. Häufig wirkt er dann sehr erregt. Ist er aufgebracht, dann hast du vermutlich vergessen, etwas zu tun, was du sonst immer tust – zum Beispiel vor dem Einschlafen die Spieluhr aufzuziehen. Begegne diesen unnötigen Wutanfällen mit Geduld und Weisheit, aber gib keinesfalls nach: Der Stier muss lernen, dass er nicht die Hauptperson ist. Vor allem aber braucht er Routine. Da du persönlich ständig nach Neuem strebst, müsst ihr einen Kompromiss finden. Es gibt nicht die eine »richtige« Weise, die Welt zu sehen oder das Leben miteinander zu teilen.

KREBS

Dein kleiner Stier weiß deine aufmerksame und fürsorgliche Art zu schätzen. Du wiederum freust dich, dass er alle Liebe aufsaugt, die er bekommen kann. Der Ausdruck auf dem Kindergesicht sagt: »Danke, dass du dich um mich kümmerst.« Vielleicht hast du sogar das Gefühl, dass er deine Emotionen aufnimmt. Bis zu einem gewissen Grad stimmt das sogar, doch du solltest von dem Stierkind nicht erwarten, dass es genauso einfühlsam ist wie du. Der Stier kann lieb sein, aber besonders verständnisvoll und großzügig ist er nicht.

Du musst auf jeden Fall den Eindruck vermeiden, dass man dich leicht über den Tisch ziehen kann. Wenn dein Kleines herrisch wird, was beim Stier häufig vorkommt, musst du ihm deutlich zeigen, dass deine sanfte Art dich nicht daran hindert, für dich einzutreten. Du kannst deinem Kind eine alltägliche Routine bieten, ohne in sturen Trott zu verfallen. Wenn der kleine Stier sich vor Wut auf den Boden wirft, bleib hart und gib nicht nach. Ihr könnt wirklich gute Freunde sein, aber das klappt nur, wenn du sowohl die Rolle des fürsorglichen Elternteils als auch – sehr zum Bedauern deines kleinen Stiers – die des Chefs beibehältst.

LÖWE

Du wirst von Anfang an stolz auf dein Stierlein sein, weil es eine ruhige Würde ausstrahlt, die deiner ähnelt. Stierkinder sind nicht protzig oder dramatisch, aber sie besitzen eine enorme Energie. Das wirst du spätestens dann feststellen, wenn ihr die Klingen kreuzt – zum Beispiel bei der Frage, wann das Stierkind ein Nickerchen machen soll, oder wenn es pünktlich zum Doktor muss.

Da du auch in puncto Disziplin Führungsqualitäten hast, wird der kleine Stier diesbezüglich viel lernen. Du setzt hohe Erwartungen in ihn, und er wird sich bemühen, sie zu erfüllen. Dein Kind wirkt zwar nicht so, als sei es sehr wettbewerbsorientiert, aber es will dir schon zeigen, dass man mit ihm rechnen muss. Kaum hat das Kleine die ersten paar Monate hinter sich, wird der Stier nämlich sehr eigenwillig und stur. Es wird nicht leicht sein, ihn davon zu überzeugen, die Dinge auf deine Weise zu tun. Aber genau das ist deine Aufgabe als Elternteil. Möglicherweise musst du dich viel früher als geplant gegen dein Kind durchsetzen. Tu das, ohne barsch zu werden. Der Stier wird lernen, wer der Boss ist, wenn du ihn überzeugen kannst, dass diese Rolle *dir* zusteht.

JUNGFRAU

Vermutlich hast du schon recht früh das Gefühl, dass der Stier dein »kleiner Freund« ist. Friedlich, praktisch, knuddelig und ordentlich – dieses Baby scheint speziell auf dich zugeschnitten zu sein. Es vervollkommnet dein Leben. Denn tatsächlich habt ihr beide vieles gemeinsam: Ihr seid beide praktisch veranlagt, lebt in friedvoller Umgebung förmlich auf und liebt die Natur. Aber es gibt auch Unterschiede, die du kennen solltest.

Als Jungfrau bist du dafür bekannt, dass du detailversessene Pläne machst. Aber du kannst sie auch wieder ändern, wenn die Situation es erfordert. Der Stier ist nicht so flexibel wie du. Dein Kind wird versuchen, Hindernisse aus dem Weg zu räumen, damit die Dinge so passieren, wie es sich das vorstellt. Dazu können auch die Bedürfnisse anderer Menschen gehören. Das kann zumindest Spannungen verursachen, und dich in einem Streit gegen dieses dickköpfige Wesen durchzusetzen ist eine echte Herausforderung. Bleib bei deinen Regeln. Der Stier darf ein Nachgeben nicht als »Gewinn« verbuchen, sonst wirst du bei jeder Auseinandersetzung eine Schlacht zu schlagen haben, die du nicht brauchst.

WAAGE

Du und dein Stierbaby werdet glücklich sein, einander zu begegnen. Ihr liebt beide den Frieden und genießt die schönen Dinge im Leben. Der Stierknirps ist nicht laut oder schwierig, schon gar nicht am Anfang. Die ruhige Art dieses Zeichens herrscht vor, bis der Stier – gewöhnlich nach einigen Lebensmonaten – mitbekommt, dass du nicht immer genau das machst, was er will.

Alle Kinder haben ihre Momente, in denen sie gegen ihre Eltern kämpfen, weil sie tun möchten, was sie sich vorstellen. Der Stier ist dabei hartnäckiger als die meisten Tierkreiszeichen. Er wird den Kampf in die Länge ziehen, schon weil er das Gefühl hat, dich zu nerven. Und da du jetzt Vater oder Mutter dieses Kindes bist, kannst du nicht einfach auf dem Absatz kehrtmachen und vor dem Streit davonlaufen. Wenn ein gewisser Punkt überschritten ist, wirst du deine gesamten diplomatischen Fähigkeiten in die Waagschale werfen müssen, um wieder Frieden im Haus zu haben. Sofern du dir dabei nicht die Befehlshoheit abkaufen lässt, kann das auch funktionieren. Du wirst lernen, eine faire und verlässliche Autorität zu sein. Du wirst dem kleinen Stier beibringen, dass es Geben und Nehmen gibt und dass Geben manchmal sogar schöner als Nehmen sein kann.

SKORPION

Dein kleiner Stier wird auf dich eine ebenso merkwürdige wie enorme Faszination ausüben. Ihr wisst, wie unterschiedlich ihr in den meisten Belangen seid, aber euch verbindet etwas, das euch in dieser Eltern-Kind-Beziehung zu perfekten Lernpartnern macht. Das Stierkind ist meistens ruhig und friedlich. Es beschwert sich nicht, solange du seine grundlegenden Bedürfnisse befriedigst.

Wenn das Kind heranwächst und du anfängst, ihm deinen Willen aufzwingen zu wollen, wirst du auf eine Entschlossenheit stoßen, die deiner ebenbürtig ist – zumindest beinahe. Du und dein Kind, ihr wollt beide die beherrschende Persönlichkeit in dieser Beziehung sein. Aber du bist nun

mal der Elternteil. Du musst sicherstellen, dass du bestimmst, was abläuft. Das ist wichtig, wenn du möchtest, dass die Welt dein Kind im gleichen positiven Licht sieht wie du selbst. Es wird dir nicht schwerfallen, aber du kannst dich auf einen ständigen Kampf einstellen. Du bist vermutlich nicht daran gewöhnt, dass deine Autorität auf diese Weise infrage gestellt wird, aber dass dieses kleine Wesen all deine Schwachstellen bedient, heißt letztlich, dass du mit ihm lernen kannst, wie man stark und dabei trotzdem flexibel bleibt.

SCHÜTZE

Dein kostbarer kleiner Stier lässt sich nicht aus der Fassung bringen, selbst wenn um ihn herum das Chaos tobt. Das macht dir Freude. Du bist dankbar, dass dein Kind so entspannt ist, während du allmählich lernst, wie man Windeln wechselt etc. Solange du dich um dein Stierlein kümmerst, findet der Steppke wenig auszusetzen. Erst in einigen Monaten wirst du herausfinden, wie wenig das, was du sagst, sein Tun und Lassen beeinflusst. Dieses Kind ist kein Schwächling und wird dir das durch einige lautstarke Ausfälle zeigen.

In diesem Fall fühlst du dich vielleicht versucht, die Hände über dem Kopf zusammenzuschlagen und dir professionelle Hilfe zu besorgen. Aber das ist nicht nötig. Als Elternteil musst du die enorme Energie des kleinen Stiers in geordnete Bahnen lenken, damit er sie praktisch nutzen kann. Er wird gleich viel zugänglicher, wenn du ihm ein paar Gags zeigst oder mit verstellter Stimme lustige Sachen machst. Wenn du als Elternteil einfach Humor an den Tag legst, wird dein Kind das auch lernen. Dein komödiantisches Talent wird sich als wichtiges Lerninstrument erweisen.

STEINBOCK

Du und dein Stier habt eine schöne Zeit, während ihr euch kennenlernt. Ihr schätzt so ziemlich die gleichen Dinge. Beide mögt ihr es bequem und wollt etwas Nützliches tun. Der Stier ist für ein Kind vergleichsweise ruhig. Er liebt Komfort, die Arbeit hingegen interessiert ihn deutlich weniger. Du musst deinem Kleinen also genau das vermitteln, worin du so gut bist: Motivation und Hingabe.

Dein Stierkind will, dass die Dinge bleiben, wie sie sind. Zeig ihm also, was passiert, wenn es sich ein bisschen anstrengt. Erweitere seinen Horizont, zum Beispiel indem ihr gemeinsam Dinge auf- und zusammenbaut oder Orte besucht, die dem Stier praktische Erfahrung mit Wissenschaft, Musik und den anderen Künsten ermöglichen. Allerdings ist übermäßige Stimulation auch nicht gut. Du wirst merken, wann es zu viel ist, denn der Stier vollzieht seine Entwicklung immer schrittweise. Natürlich kennst du die Versuchung, ihn mit immer mehr Lernspielzeug zu überhäufen. Aber das schönste Geschenk für dein Stierlein ist Zeit. Also nimmt dir jeden Tag ein wenig Zeit, damit ihr eure Beziehung genießen könnt.

WASSERMANN

Das Stierkind ist ein Geschenk des Himmels. Du weißt seine Entschlossenheit und Beharrlichkeit zu schätzen und bist dankbar, dass es nicht ständig weint und Tamtam macht. Der Stier hat etwas an sich, das dich vermuten lässt, dass aus ihm mit deiner Unterstützung einmal ein ganz außergewöhnlicher Weltenbürger wird.

Du willst deinem kleinen Stier bestimmte Werte vermitteln. Dazu aber muss dir klar sein, was dem Stier am wichtigsten ist. Sicherheit – auf sehr bodenständige und materielle Weise – motiviert dein Kind am stärksten. Du kannst sicherstellen, dass seine körperlichen Bedürfnisse befriedigt werden, aber du musst dem Stierlein auch auf eine seinem Alter angemessene Weise vermitteln, wie er Unabhängigkeit erlangen kann. Tritt deine elterlichen Pflichten nicht an irgendwelche Dinge wie Videospiele oder sogenanntes »interaktives« Spielzeug ab. Dein Kind braucht eine tiefinnere Verbindung zu dir, wenn du ihm deine Werte vermitteln willst. Der Stier muss vor allem lernen, dass es zwar gut ist, für sich selbst zu sorgen, doch dass wir auch unserer Gesellschaft etwas schuldig sind. Deine kreative Weltsicht wird den kleinen Stier mitunter verblüffen, aber du kannst sie nutzen, um dem heranwachsenden Stier eine einzigartige Erfahrung zu vermitteln, an der er seine Freude hat.

FISCHE

Der niedliche, anschmiegsame Stier lässt dein Herz vor Liebe fast platzen! Sich um seine grundlegenden Bedürfnisse zu kümmern, ihm Nahrung, Obdach und Sauberkeit zu geben ist umso schöner, als er dafür aufrichtig dankbar zu sein scheint. Das ist tatsächlich der Fall, wenn du dich beständig um ihn kümmerst. Der Stier ist ein Gewohnheitstier, und da du das nicht bist, müsst ihr daran arbeiten, einen regelmäßigen Tagesablauf hinzubekommen.

Dein Stierkind ist süß und liebenswert, aber nicht annähernd so großzügig wie du. Du wirst das Stierlein immer wieder ermutigen müssen, seine Spielsachen oder Leckereien mit anderen zu teilen. Dabei ist die Sammelwut des kleinen Stiers nicht böse gemeint. Er will nur seine Ressourcen zusammenhalten und sicherstellen, dass sie nicht verschwendet werden. Doch du musst dem Stier zeigen, wie er anderen Menschen vertrauen kann – und dass das Geben auch für ihn Vorteile bringt. Wenn das jemand kann, dann du. Du wirst dem Mini-Stier klarmachen, dass Haben und Bekommen schön ist, Teilen aber noch schöner. Nutze deine überbordende Fantasie, um dem Stier solche Geschichten zu erzählen. Oder denk dir Spiele aus, die genau das zum Ausdruck bringen. Dann bekommst du nur dann Mitteilungen vom Lehrer, wenn dein Kleines mal wieder einen Preis gewonnen hat!

3

Zwillinge:
das neugierige Forscherbaby

GEBURTSTAG: 21. Mai bis 21. Juni
HERRSCHENDER PLANET: Merkur – die helle, gesprächige, schnell denkende Trickster-Natur
ERHÖHTER PLANET: Merkur
FARBE: Stahlblau, Silber
SCHUTZSTEINE: Aquamarin, Euklas

Das zauberhafte und unglaublich aktive Bündel, das du im Arm hältst, ist vermutlich das sozialste Kind, das es gibt. Also genieß das Knuddeln, solange du die Möglichkeit dazu hast. Sobald der Zwilling auf eigenen Beinen steht und herumlaufen kann, wirst du ihn nicht mehr oft zu Gesicht bekommen! Zwilling ist ein Luftzeichen.

Er kommt zur Welt, wenn der Frühling gerade in den Sommer übergeht. Dementsprechend ist die Persönlichkeit des Zwillings von den veränderlichen Zeichen geprägt. Dein Kind weiß von Anfang an, wozu es auf der Welt ist: um zu erforschen, was vor sich geht, und das möglichst vielen Menschen mitzuteilen. Kein Wunder also, dass dieses Zeichen von zwei Menschen symbolisiert wird: Zwillingen eben. Bei den meisten Zwillingskindern läuft im Kopf ein höchst lebhafter Dialog ab. Du solltest die kognitiven Fähigkeiten deines Kindes nie unterschätzen.

Zwillinge teilen sich ihrer Umwelt mit, sobald sie auf der Welt sind, auch wenn sie sich noch nicht sonderlich bewegen oder gar sprechen können. Sie benutzen ihre Augen, um dir zu zeigen, was sie wollen. Beim Füttern gucken sie einen unverwandt an. Viele Zwillingskinder fangen auch früh an zu sprechen. Selbst wenn das Baby nur gurrt oder plappert, es wird seinen Sprechapparat bald »in Betrieb nehmen«! Lippen, Zunge und Stimmbänder sind für dein Kleines wichtige Instrumente, die es entsprechend faszinieren. Auch Arme, Hände und Finger sind die körperlichen Entsprechungen des Zwillings. Dein Baby wird also mehr damit spielen als andere Kinder. Zwillingskinder lassen ihren Blick häufig herumwandern. Sie wollen so viel aufnehmen wie nur möglich und gleichzeitig mit allen Menschen im Raum in Kontakt treten. Das Zwillingskind erkundet die Welt hauptsächlich über den Hör- und Gesichtssinn, weniger über das Berühren von Dingen. Das heißt aber nicht, dass man es weniger im Arm halten oder wiegen soll. Der Körperkontakt mit den Eltern ist auch für deinen selbstständigen und unbezähmbaren Zwilling wichtig, um sich sicher zu fühlen.

Talente und Neigungen

HANDGESCHICK

Der Zwilling weist ein ungewöhnlich großes Handgeschick auf, was sich an seinem Umgang mit den Sachen im Kinderzimmer bzw. im Haus zeigt. Keine Steckdose, kein Schalter am Herd ist vor ihm sicher, wenn er seine Umgebung erforscht! Das Gute daran ist, dass das Baby schon früh greifen lernt und auch eher selbstständig isst als andere Kinder. Für so einfache Aufgaben wirst du bald nicht mehr gebraucht.

SPRACHE

Manche Zwillingskinder fangen sehr früh zu sprechen an, andere lassen sich Zeit. Eines aber ist beiden Gruppen gemeinsam: Sobald es mit dem Reden losgeht, hört es nicht mehr auf! Dein kleiner Zwilling wird dich unermüdlich nach den Namen alltäglicher Dinge fragen und diese Worte dann mit zauberischer Sicherheit zu Sätzen zusammenfügen. Am Ende des Tages bist du von seiner Wissbegier vielleicht erschlagen, aber bald wirst du merken, wie viel Freude es macht, mit einem Kind zusammen zu sein, dessen kommunikative Fähigkeiten so hoch entwickelt sind.

VERSPIELTHEIT

Der Zwilling liebt nichts mehr als Spiele! Er wird alles zum Spiel machen, vom Essen bis hin zum Aufräumen des Kinderzimmers am Abend. Das erleichtert den Umgang mit diesem Kind enorm, zumindest in den ersten Monaten und Jahren. Allerdings musst du mit den Spielen deines Kleinen Schritt halten können! Möglicherweise musst du Dame oder Schach lernen oder bei Videospielen geschickter werden.

Herausforderungen

Der Zwilling ist kaum zu halten, sowohl im wörtlichen wie im übertragenen Sinne. Diese Kinder sind weniger abhängig vom Heim und der Familie. Sie nehmen es ausgesprochen übel, wenn du versuchst, sie von irgendetwas fernzuhalten. Die ideale Welt für deinen Zwilling ist eine, in der er jederzeit mit allen und allem in Verbindung treten kann. Daher werden die größten Probleme vermutlich die Durchsetzung des Schläfchens mittags und abends sein.

Doch auch für den kleinen Zwilling und seine funktionelle Entwicklung ist Ruhe nötig und steht insofern nicht zur Debatte. Also legst du am besten feste Zeiten fürs Schlafen fest und bleibst dabei. Du kannst ihm diese Routine ja schmackhaft machen, indem er vorher noch etwas erzählen oder sich in anderer Form mit dir austauschen darf. Wenn dein kleiner Zwilling protestiert, weil diese »Wir-Zeit« zu Ende geht, lass dich nicht erweichen. Er braucht feste Zeiten, um sich erholen zu können. Sei dabei liebevoll und gütig, sanft, aber konsequent.

Zwillingskinder haben die Neigung, Lügen zu erzählen, wenn die Wahrheit sie selbst oder andere in Schwierigkeiten bringen würde. Dabei ist es gar nicht ihre Absicht zu lügen, aber wenn es ihnen in den Kram passt, finden sie Mittel und Wege, um sowohl die Wahrheit als auch die Geschichte zu glauben, die sie sich ausgedacht haben, um geschickt einer Strafe zu entgehen.

Disziplin

Die Maxime des Zwillingskindes ist, Lernfreiheit zu haben und Neuigkeiten über andere Leute zu verbreiten. Wenn du ihm dies verwehrst, wird es nur ausgefeilte Pläne schmieden, wie es sich dir entziehen und seine Freiheit bewahren kann! Das Kleinkind wird zu diesem Zweck treten und schreien, aber wenn es älter ist, wird es komplexere Netze spinnen.

Für ein älteres Kind ist der Hausarrest grundsätzlich eine sinnvolle Methode, um es zu bestrafen – und beim Zwilling geht es fast nicht ohne. Ver-

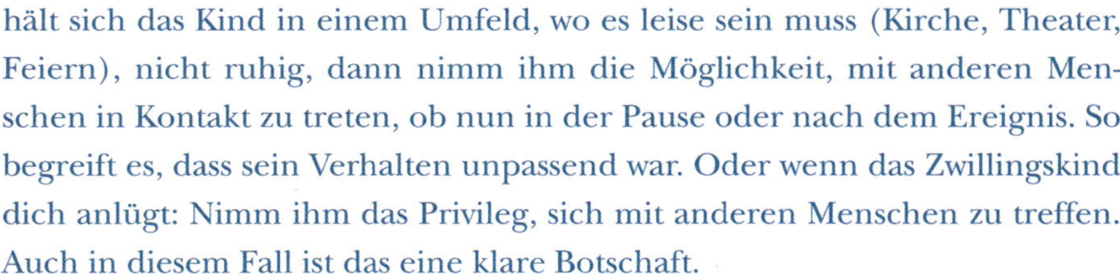

hält sich das Kind in einem Umfeld, wo es leise sein muss (Kirche, Theater, Feiern), nicht ruhig, dann nimm ihm die Möglichkeit, mit anderen Menschen in Kontakt zu treten, ob nun in der Pause oder nach dem Ereignis. So begreift es, dass sein Verhalten unpassend war. Oder wenn das Zwillingskind dich anlügt: Nimm ihm das Privileg, sich mit anderen Menschen zu treffen. Auch in diesem Fall ist das eine klare Botschaft.

Was dein Zwilling am liebsten mag

LIEDER UND ABZÄHLREIME

Das ABC-Lied: Der Zwilling kann gar nicht früh genug anfangen zu lernen.

Kopf und Schulter, Knie und Fuß: Eine Reise durch den Körper des Zwillings.

Ich bin eine kleine Zitrone: Mit diesem Lied lernt der Zwilling, dass es andere Länder gibt, die er früher oder später bereisen kann.

FILME

Alice im Wunderland: Die Abenteuer im Kaninchenbau werden den Zwilling begeistern.

Coco: Singende und lachende Figuren sprechen den neugierigen Geist des Zwillings an.

Muppets Most Wanted: Ein wunderbarer Film mit den Muppets, die er auf diese Weise gleich kennenlernt.

SPIELE

Schach: Kein Witz. Zwillingskinder lernen schneller, als du glaubst.

Klatschspiele: Dieses Zweierspiel lässt den Zwilling glauben, er habe endlich sein Gegenstück gefunden.

Stille Post: Selbstverständlich macht es dem Zwilling Spaß zu kontrollieren, wie die Botschaft am Ende lautet.

BÜCHER UND GESCHICHTEN

Peter Hase von Beatrix Potter: Eine wunderschöne Geschichte über Streiche, Fehlverhalten und Vergebung.

Der Löwe und die kleine Maus (Fabel): Eine wunderschöne Geschichte, die das Zusammenarbeiten lehrt.

Die gesprächige Schildkröte (Fabel): Fliegende Schildkröten sollten auch mal die Klappe halten!

GESUNDE LECKERBISSEN

Fingerfood: Kräcker und Käsewürfel liebt der Zwilling für unterwegs.

Apfelsaft: Süß und klar, eine Labsal für die Stimmbänder.

Kirschen: Auch sie sind schnell verspeist, erfordern aber eine geschickte Hand. Achte darauf, dass dein Kind keine Kerne verschluckt.

Der Zwilling und sein Stil

Schnittig und schick – so könnte man den Stil dieses Kindes am besten beschreiben. Der Zwilling steht auf den letzten Schrei. Wenn er nicht so angezogen ist wie seine Klassenkameraden, fühlt er sich ausgegrenzt. Du musst nicht jeder Forderung nachgeben, solltest aber den Wunsch eines Zwillingskindes nach Zugehörigkeit respektieren.

Der Zwilling in seiner unmittelbaren Umgebung

Pastell- und Metallicfarben sowie fluoreszierende Töne sind das Beste für das Zwillings-Kinderzimmer. Sie schaffen einen Wohlfühlraum, in dem sich dein Kind zu Hause fühlt. Eine solche Farbgebung macht es auch leichter, den Zwilling auf sein Zimmer zu schicken, wenn das nötig sein sollte.

Wie du den Zwilling beruhigst

Der Zwilling wird leicht nervös, also bleib ruhig, wenn er anfängt zu weinen. Sei nicht frustriert, sondern schaffe ihm eine friedvolle Atmosphäre ohne Ablenkungen, indem du Lärm verringerst. Alles, was übermäßig stimulierend wirkt, sollte dann weg, sei es nun eine Gruppe Spielkameraden oder ein lautes Fernsehgerät. Nimm dein Kind in den Arm, damit es merkt, dass es sicher ist, aber halte es nicht zu fest. Für den Zwilling ist Entspannung nur möglich, wenn er sich sicher *und* frei fühlt.

Anregungen für das Zwillingskind

Dein Zwillingskind ist intelligent, keine Frage. Aber wenn du möchtest, dass es auch clever ist – also weiß, wie es seine Intelligenz am besten einsetzt –, dann solltest du ihm helfen, seine Aufmerksamkeitsspanne zu erhöhen. Zum Beispiel damit:

- **Memory oder Quartett:** Und lobe deinen Liebling überschwänglich, wenn er alles richtig macht.
- **Handpuppen:** Auf diese Art kann dein Kleines seinen »bösen« Zwilling ausagieren.
- **Buchstaben- und Wörterspiele:** Achte darauf, dass dein kleiner Zwilling nicht allzu früh die Flinte ins Korn wirft. Versprich ihm eine Belohnung, wenn er das Spiel beendet.

Der Lernstil des Zwillings

Der Zwilling nimmt Informationen vor allem durch Zuhören auf, und genau da liegt das Problem. Die meisten Zwillingskinder halten nicht lange genug den Mund, um auch mal zuzuhören. Daher ist es so wichtig, sie in die Kunst und Schönheit der Stille einzuweihen. Nimm dein Zwillingskind mit hinaus in die freie Natur, zeig ihm, wie still es dort ist und wie viel es auch ohne Worte lernen und aufnehmen kann. Solange der kleine Zwilling sich konzentrieren kann, läuft alles andere wie von selbst.

Wie du dein Zwillingskind erziehst

Ratschläge für dich als …

WIDDER

Es wird dich vermutlich erstaunen, wie schnell dein kleiner Zwilling alles versteht, was du sagst. Aus diesem Grund solltest du aufpassen, dass du keine Wörter verwendest, die dein Kind nicht wiederholen sollte! Auch dein Temperament und deine Stimmung können für den Zwilling schwierig werden. Obwohl dieses Kind so wirkt, als sei es von seinen Emotionen völlig abgekoppelt, wird der Zwilling doch schnell nervös. Du weißt, dass du zu wenig Taktgefühl an den Tag gelegt hast, wenn dein Kind ohne Grund anfängt zu weinen, nervös mit den Händen gestikuliert oder gar anfängt zu zittern.

Du kannst den Zwilling beruhigen, indem du in ruhigem, tröstlichem Ton sprichst. Du bist ja vielleicht nur deshalb wütend, weil deine Lieblingsmannschaft ein mieses Spiel abgeliefert hat, aber dein kleiner Zwilling wird das Geschrei auf sich beziehen und glauben, er hätte etwas falsch gemacht. Der Zwilling liebt deinen Sinn für Humor, also spiel den Clown so oft du magst. Das Zwillingskind weiß außerdem Abenteuer zu schätzen. Ihr könnt seine Sommerferien damit zubringen, regelmäßig Neues zu entdecken.

STIER

Du hast wahrscheinlich Schwierigkeiten herauszufinden, was du mit diesem Kind anfangen sollst. Während du stundenlang ruhig dasitzen und kaum einmal aufsehen kannst, ist der neugierige kleine Zwilling ständig auf der Suche nach Abenteuern. Dieses Kind redet ständig und ist dauernd auf Achse. Aber wenn du denkst, du könntest es dazu bringen, deine permanente Überwachung zu vergessen: Keine Chance!

Du wirst mit deinem Zwillingskind Kompromisse schließen müssen: Du selbst wirst öfter vor die Tür gehen müssen, als du willst. Andererseits musst

du dein Kind dazu bringen, sich zumindest für einen gewissen Teil des Tages still zu verhalten. Wie wäre es denn, wenn du mit ihm auf den Spielplatz gehst oder im Auto herumfährst? Lass deinen Zwilling den Kontakt zu anderen Menschen herstellen! Dein Kind lächelt ihnen zu, winkt ihnen und will alle Leute sehen. Glücklicherweise fällt das Kontaktbedürfnis des Zwillings eher oberflächlich aus. Dein Kleines ist nur selten so begeistert von seinem Gegenüber, dass du fürchten musst, Wurzeln zu schlagen. Normalerweise kannst du es dann brav ins Auto packen, nach Hause kutschieren und dann mit dem ruhigen Tag beginnen, den du von Anfang an im Sinn hattest.

ZWILLINGE

Dass dein Kind unter demselben Tierkreiszeichen geboren ist wie du, ist ein wahrgewordener Traum. Ihr werdet von Anfang an faszinierende Gespräche führen, selbst wenn du nur sagst: »Guck, guck, da, da.« Ihr werdet es genießen zueinanderzufinden, wissende Blicke auszutauschen und schnell beste Freunde zu werden. Es wird dir schwerfallen, dir immer wieder zu vergegenwärtigen, dass du in dieser Beziehung die Autoritätsperson bist. Halte also zumindest so viel Abstand, dass du dein Kind nötigenfalls zur Disziplin ermahnen kannst.

Was auch bedeutet, dass du deinem Kleinen erlaubst, Kind zu sein. Denn es wird eine gewaltige Verlockung sein, deinen kleinen Zwilling als jemand zu betrachten, der mit dir schon auf Augenhöhe ist. Es ist deine Aufgabe, ihm beizubringen, wie er sich im Rahmen der in der Außenwelt geltenden Regeln bewegen kann. Dieses Kind hat – wie du – Probleme damit stillzusitzen. In der Schule redet es oft dazwischen und plappert auch zu Zeiten, in denen eigentlich Stillschweigen angesagt ist. Also mach mit ihm Spiele, durch die es lernt, dass Zuhören genauso wichtig ist wie Reden. Dann wird dein Zwillingskind das schnell begreifen und auch begeistert umsetzen können.

KREBS

Mach dir über deinen kleinen Zwilling nicht so viele Sorgen. Bei diesem kleinen Energiebündel ist es völlig normal, dass es ständig hin und her saust, mit den Beinen strampelt oder den Kopf ständig von einer Seite zur anderen dreht. Da dein Kind häufig wie aufgezogen ist, musst du darauf achten, dass diese Energie nicht auf dich abfärbt. Strahle nach Möglichkeit mehr Ruhe aus, als du selbst empfindest. Versuch nicht, das Kleine in den Schlaf zu wiegen, damit es endlich still ist. Überlege dir lieber, was es gerne tut, und lass es dann machen. Meist wird der Zwilling auf deinen Ruf hören. Wenn du keine Zeit findest, mit ihm zu spielen oder ihm eine Geschichte vorzulesen, lege flotte Musik auf.

Der Zwilling ist ein Trickster-Archetyp. Deine Neigung, von allen das Beste zu denken – vor allem von deinem Kind –, erfordert in diesem Fall einiges an Spielraum. Wenn der kleine Zwilling nur einen von deinen köstlichen, hausgemachten Keksen klaut, ist das ja weiter nicht schlimm. Trotzdem musst du ihm beibringen, dass es nicht in Ordnung ist, sich ohne Erlaubnis einfach etwas zu nehmen. Lass dich auch nicht von seiner scheinbar unnahbaren Art verletzen. Dieses Kind zeigt seine Liebe – oder Loyalität – nicht annähernd so offen wie du. Ihr werdet eure Beziehung erst später im Leben so richtig zu schätzen wissen, auch wenn sie vermutlich nie so innig wird, wie du dir das wünschen würdest.

LÖWE

Dein Zwillingskind reagiert positiv auf deine Führungsqualitäten und deine klaren elterlichen Vorgaben, sofern du ihm genug Freiraum lässt. Ihr versteht euch gut, und irgendwann wird der Zwilling dich respektieren, ohne Angst vor dir zu haben oder sich über deine Methoden zu beschweren. In der Kindheit aber musst du dafür die Grundlagen schaffen, indem du deine autoritäre Art mit Sanftheit paarst. Wenn der Zwilling zu zicken anfängt, hatte er vielleicht nicht genügend Spaziergänge um den Block. Nimm das

Kleine ruhig mit, wenn du irgendwohin musst. Für dieses kleine soziale Wunder ist schon der Gang in den Supermarkt ein Abenteuer, und du selbst wirst den Einkauf mehr genießen, wenn ihr daraus einen Familienausflug macht.

Du bist eher der Typ, der klare Regeln aufstellt, dein Zwillingsknirps dagegen wird geschickt versuchen, dich auszumanövrieren. Dieses Kind liebt Streiche, aber wenn es sich schlecht benimmt, will es gewöhnlich nur, dass du dich ihm zuwendest und herausfindest, warum es das getan hat – eine Art Fass-den-Täter-Spiel. Glücklicherweise erkennst du recht schnell, was dein Zwilling im Schilde führt, bevor er das Ganze noch richtig durchdacht hat. Ihr seid also als Elternteil und Kind das perfekte Paar.

JUNGFRAU

Du hast mit dem Mini-Zwilling eine starke gemeinsame Grundlage, denn ihr beide sammelt und sortiert gerne Informationen. Du schaust deinem Kleinen zu, wie es den Raum erkundet, und freust dich über jede seiner Entdeckungen. Die Unterschiede machen sich bemerkbar, wenn es darum geht, was man mit dieser Information anfängt. Du selbst erkennst schnell, welche Art von Wissen wertvoll ist und was eher ausgesondert gehört. Deshalb fragst du dich, weshalb dein Zwillingskind sich so ausgiebig für die kleinsten Details im Leben anderer Menschen interessiert.

Aber das hindert deinen Zwilling nicht, dir alle Neuigkeiten zu hinterbringen! Da du selbst auch ein wenig Ruhe und Frieden brauchst, stehst du am besten eine Stunde vor dem Erwachen deines kleinen Energiebündels auf. Denn selbst als Kleinkind wird dir der Zwilling enorme Mengen an Aufmerksamkeit abverlangen. Wenn er älter wird, fordert er von dir alles, was es an Worten zu lernen gibt. Verwirf seine neugierigen Fragen nicht. Und komm bloß nicht auf die Idee, der Zwilling könnte zu jung sein, um etwas vorgelesen zu bekommen oder an einem Gespräch teilzuhaben. Nutze deine fantastischen erzieherischen Fähigkeiten, um dem Zwilling zu einer optimalen Entwicklung zu verhelfen. Dein Lohn ist ein Kind, dessen ausgeprägte kommunikative Fähigkeiten für dich immer eine Quelle des Stolzes sein werden.

WAAGE

Du und dein kleiner Zwilling, ihr werdet wunderbar miteinander zurechtkommen. Man muss dieses Kind nicht ständig trösten oder verzärteln. Es wird auf die friedliche Umgebung, die du zu schaffen weißt, positiv reagieren. Das Einzige, was dir vielleicht Probleme bereitet, ist das endlose Geplapper, zu dem das Kleine neigt. Schon als Baby liebt der Zwilling den Klang der eigenen Stimme. Aber keine Sorge! Das heißt nicht, dass es häufig weinen wird. Doch das Zwillingskind wird auf andere Art versuchen, deine Aufmerksamkeit zu erregen. Es möchte, dass du ihm nicht nur zuhörst, sondern möglichst auch antwortest, selbst auf ziellose Äußerungen oder nichtverbales Gurren.

Der Zwilling achtet deinen Verstand und braucht wie du jemanden, der ständig um ihn herum ist. »Ist das richtig so?« Das ist die Frage, die der Zwilling dir permanent stellt, sobald er sein erstes Spielzeug in die Hand nehmen kann – und natürlich möchte er eine Antwort bekommen. Das wird nicht ewig so gehen, also pack die Gelegenheit beim Schopf, um deine Meinung zu äußern und – vor allem – Grenzen zu setzen. Gut, du hasst Konflikte, aber das bedeutet nicht, dass du den Zwilling einfach machen lassen kannst, denn das würdest du bitter bereuen. Du musst dem Zwillingskind klarmachen, dass es keine Chance hat, so einen cleveren Elternteil wie dich auszutricksen.

SKORPION

Du und dein kleiner Zwilling, ihr seid wie zwei Menschen, die mit dem Rücken zueinander sitzen. Ihr habt nämlich eine vollkommen unterschiedliche Weltsicht. Du nimmst dir immer nur eine Aufgabe vor, die du dann mit einigem Einsatz abarbeitest. Dein Kind aber ist der Multitasker schlechthin. Schon als Baby verlangt der Zwilling nach mehr sensorischen Anregungen, als er deiner Meinung nach verarbeiten kann. Sobald er dann krabbeln kann, wirst du Schwierigkeiten haben hinterherzukommen. Aber bald hast du her-

aus, wie du deinen Zwilling in sicheren Schranken hältst. Der grundlegende Unterschied zwischen euch ist: Während du so tief wie möglich schürfst, um zu begreifen, was um dich herum passiert, begnügt sich der Zwilling damit, an der Oberfläche zu kratzen. Dafür aber will er so viel Territorium wie irgend möglich erkunden.

Am besten bringst du dem Zwillingskind bei, dass es durchaus sinnvoll ist, den Drang nach Zerstreuung zu bändigen. Das Zauberwort dabei heißt: *Konzentration.* Selbstverständlich kannst du die natürlichen Anlagen deines Zwillingskindes nicht ändern. Aber du kannst es zum Nachdenken anregen, ob es nicht sinnvoller ist, seine Aufmerksamkeit immer nur einer Sache zuzuwenden, vor allem wenn die Einschulung langsam näher rückt. Setz deine ganze Klugheit ein – und bringe ihm eine wohlüberlegte Disziplin bei.

SCHÜTZE

Wie aufregend! Du hast ein Zwillingskind, mit dem du reden kannst, dem du hinterherhechten und das du später auf Abenteuerreise mitnehmen kannst! Der Wunsch des Zwillings nach Ungebundenheit spricht dich an. Aber bis zu einem gewissen Grad müsst ihr beide lernen, nicht die Bodenhaftung zu verlieren. Doch wenn du dich auf das Bedürfnis deines Kindes konzentrierst, mit dem Rest der Welt klarzukommen, wird sich das von ganz allein ergeben. Das Schlimmste, was du deinem Zwillingskind antun kannst, ist, es als besten Freund zu behandeln. Vergiss nicht, dass ihr beide aus einem ganz bestimmten Grund zusammen seid – du bist der Lehrer, dein Kleines ist der Schüler.

Mach dem Zwilling klar, dass Lernen ein lebenslanges Erfordernis ist. Seine angeborene Neugier führt zu vielen Fragen, zu einer Faszination für Spiele und der Neigung, von einem Gedanken zum nächsten zu springen. Das kann das Lernen in der Schule erschweren. Du kannst ihm den Start erleichtern, indem du einer Überreizung vorbeugst, vor allem wenn dein Mini-Zwilling Wörter und Zahlen lernen soll bzw. das, was man mit ihnen anstellt. Wenn du dir die Zeit nimmst, ihm zu vermitteln, wie man Spaß am

Lernen hat, aber trotzdem konzentriert bleibt, werdet ihr beide euer Wissen noch mehr schätzen lernen.

STEINBOCK

Dein Zwilling, dessen Leidenschaft es ist, Informationen zu sammeln, wird dich verblüffen, sobald du ihn kennenlernst. Dieses Kind ist wortreich, ja geradezu geschwätzig. Ganz anders als du. Selbst bevor es sich verbal äußern kann, wirst du bemerken, wie dein Kind zu verstehen versucht, was auf welche Art und Weise gesagt werden muss. Es wäre schön, wenn dich das eher amüsieren als entnerven würde, denn du wirst diesen grundlegenden Charakterzug des Zwillings nicht ändern. Von nun an wirst du bestenfalls mal kurzzeitig deine Ruhe haben, meist während dein Mini-Zwilling schläft.

Allerdings schreit das Zwillingskind gewöhnlich nicht. Tatsächlich ist der Zwilling kein Spielverderber und nimmt alles recht gelassen. Wenn er sich aufregt, hat das seinen Grund: eine volle Windel, Hunger, Müdigkeit oder – recht häufig – Langeweile. Der Zwilling ist frühreif und sucht nach Anregungen. Vermutlich musst du dir weit früher als gedacht eine Kiste mit altersgerechtem Spielzeug zulegen. Elektronisches Spielzeug solltest du mit Vorsicht einsetzen. Der Zwilling ist so begeistert von allem, was mit Technik zu tun hat, dass er seine ganze Kindheit im seltsam blauen Licht des Bildschirms vergeuden kann.

WASSERMANN

Du wirst wohl schnell dahinterkommen, wie wunderbar es ist, dass man dir dieses zauberhafte und liebenswerte Zwillingskind geschickt hat. Ihr werdet eure Gefühle und Gedanken mühelos verstehen. Du wirst es genießen, dem Kleinen zuzusehen, wie es Informationen sammelt und alle Menschen im Auge behält, die es kennenlernt. Mit der Zeit wirst du deine Fähigkeiten einsetzen, um deinem Zwilling beim Lernen zu helfen, sei es von neuen Wörtern oder aber nonverbalen Gesten, die dem eigentlichen Sprechen vorausgehen.

Der Scharfsinn deines Kindes wird dich erstaunen, aber dich erwartet auch eine gewisse Frustration, wenn dein kleiner Zwilling nämlich seinen Intellekt versteckt, um charmant und beliebt zu sein.
An diesem Punkt solltest du dir ins Gedächtnis rufen, dass Kinder ihren Eltern zu einem bestimmten Zweck anvertraut werden: einer wechselseitigen Lernerfahrung. Könnte es sein, dass du lernen musst, dich mehr auf Kleinigkeiten zu konzentrieren? Jedenfalls öfter, als du es im Moment tust? Stell dir diese Frage, wenn du merkst, dass dein Zwillingskind bei der Spielgruppe alle Menschen im Raum bezaubert oder aber dir eine kurze Zusammenfassung davon gibt, was es über die Kinder im Sandkasten herausgefunden hat. Du wirst das Geschick bewundern, mit dem dein Kleines auf Menschen zugeht, und dir im Klaren sein, dass dies deinem Kind in späteren Jahren helfen wird. Zudem lernst du eine wichtige Lektion: Dass es bei der Liebe nicht immer darum geht, dass die Menschen das tun, was du gerne hättest!

FISCHE

Du und dein kleiner Zwilling, ihr habt eine enge Verbindung, die zu Anfang gar nicht so ins Auge sticht. Du bist ruhiger und weniger kontaktfreudig als dein Kleines, aber ihr beide teilt ein tiefes Interesse an anderen Menschen. Der Unterschied? Du konzentrierst dich auf die Gefühle, der Zwilling auf Gedanken, Meinungen und Hintergrundgeschichten. Sicher könnt ihr nicht networken, solange dein Liebling noch in deinen Armen liegt, aber wenn du über dein Kind Bescheid weißt, wird das eure Bindung verstärken. Es macht Spaß zuzusehen, wie dein Kind Menschen zum Lachen bringt und mit welcher Leichtigkeit ihm das gelingt.

Den Zwilling zu erziehen ist trotzdem nicht einfach, weil du angemessene Regeln aufstellen und Grenzen setzen musst. Wenn du dir den Respekt deines Kindes verdienen willst, musst du lernen, seinen Charme, seinen Witz und seinen Hundeblick zu durchschauen. Du musst deinem Zwillingskind deutlich machen, wann es an der Zeit ist, tiefere Bindungen zu anderen Menschen einzugehen, statt sie oberflächlich zu studieren. Schon wenn du das

Kind zum ersten Mal in den Arm nimmst, solltest du Augenkontakt zu ihm halten. Dann begreift der kleine Zwilling, dass bedingungslose Liebe alles ist, was zählt.

4

Krebs:
der fürsorgliche Kümmerer

GEBURTSTAG: 22. Juni bis 22. Juli
HERRSCHENDER PLANET: Mond – die wandelbare, sich entziehende Seite
ERHÖHTER PLANET: Jupiter
FARBE: Meergrün
SCHUTZSTEINE: Rubin, Mondstein

Der herzige, ruhige und sensible Krebs scheint auf den ersten Blick so verwundbar, aber lass dich davon nicht täuschen. Das Kleine kommt zu Beginn des Sommers auf die Welt, zu einer Zeit also, in der die Sonne ihre stärkste Energie verströmt. Allein das spricht schon dafür, dass er hartnäckig sein kann. Der Krebs ist ein energiegeladenes Kardinalzeichen. Da er auch ein Wasserzeichen ist, werden die Gefühle deines Kindes wie Ebbe und Flut sein – genau wie der Ozean selbst! Das hört sich großartig an, aber häufig kommen die Gefühle deines

Kindes wie ein Gewitterregen oder gar ein Tsunami daher. Das Kind weint aus keinem ersichtlichen Grund, und während du versuchst, solche Ausbrüche zu vermeiden, fühlt sich der Boden unter deinen Füßen an, als würdest du auf Eiern gehen.

Der Krebs braucht mehr Trost und Bestätigung als andere Kinder. Bis zu einem gewissen Grad kannst du dem Kind Schutz geben und es in Watte packen. Aber Vorsicht! Neben der liebevollen Zuwendung solltest du deinem kleinen Krebs auch beibringen, wie man in dieser nicht immer gastfreundlichen Welt überlebt. Sei verständnisvoll, aber bleib fest, wenn das Kind lernen muss zu überleben. Dieses Kind ist stark. Es wird einmal viele andere Menschen nähren und unterstützen können. Doch zu Beginn seines Lebens genießt es einfach, ein Baby zu sein und versorgt zu werden. Später im Leben wird es zwischen seiner Stärke als Versorger und dem Wunsch, selbst umsorgt zu werden, immer hin und her wechseln. Es ist deine Aufgabe als Elternteil, deinem Krebslein zu zeigen, dass das Leben intensive Erfahrungen an beiden Enden des Spektrums bereithält – und auch eine ganze Menge dazwischen. Lehre den Krebs, dass es in Ordnung ist zu weinen, vorzugsweise jedoch, wenn man dafür einen verständlichen Grund hat.

Talente und Neigungen

KOCHEN UND KÜMMERN

Der Krebs baut sich überall ein Nest. Vermutlich lässt sich das schon im Kinderbett beobachten: Tagsüber finden sich darin vermutlich eine Sammlung von Plüschtieren und vielleicht ein paar Lieblingssachen zum Anziehen (und höchstwahrscheinlich eine Schmusedecke). Da der Krebs ein leidenschaftliches Interesse für Überlebenstechniken hat, interessiert sich dein Kind möglicherweise schon sehr früh fürs Kochen. Natürlich musst du aufpassen, dass dein

Krebslein sich nicht an der Herdplatte verbrennt, aber wo es geht, solltest du es ruhig mitmachen lassen. Kochen ist die beste Überlebenstechnik überhaupt!

SPRACHE

Was die meisten Menschen am Krebskind nicht mögen, ist seine Neigung zum Quengeln. Meist lamentiert es aus emotionalen Gründen. Stecken dahinter jedoch oberflächliche, nicht wirklich dringende Wünsche oder Bedürfnisse, solltest du klar signalisieren, dass dies der falsche Weg ist, wenn es gehört werden möchte. Lass dich nicht auf solche Quengeleien ein. Zeige deinem Kind, wie der »richtige« Tonfall wäre, und besteh darauf, dass dein Krebslein sich seiner auch bedient.

MANAGEMENT

Der Krebs gilt ja als der große »Kümmerer« schlechthin. In der Kindheit kümmert sich dein Kleines um seine Stofftiere oder um eine Ameisenkolonie. So lernt dein Kind Techniken, die es später zur Kunst des Managements entwickeln kann. Der Krebs hat unglaublich gute Instinkte. Er »weiß einfach«, was andere Menschen wünschen und brauchen. Daher kann dieses Kind Harmonie in Organisationen bringen, da es jedem das Gefühl gibt, geachtet und gemocht zu werden.

Herausforderungen

Die Sensibilität deines Krebskindes kann als Segen oder Fluch erscheinen, je nachdem, wie du das siehst. In jedem Fall ist sie für Eltern eine Herausforderung. Ist aus dem Spielzimmer, in dem mehrere Kinder zugange sind, Weinen zu hören, ist meistens dein Kind der Ursprung. Es kann durchaus sein, dass dein Kleines sich wehgetan hat oder verängstigt ist. Im Normalfall aber sind es nur seine Gefühle, die verletzt sind. Selbst wenn du ihm beigebracht hast, dass das Leben kein reines Honiglecken ist, solltest du darauf achten, dass du die Situation möglichst objektiv beurteilst. Wenn du dich dafür entscheidest, das Krebslein nicht zu trösten, wird es verletzt sein. Andererseits gibst du ihm so eine Lektion, die es zum Überleben braucht. Denn die Außenwelt wird nicht ständig Rücksicht auf seine Gefühle nehmen und seinetwegen auf Zehenspitzen durchs Leben schleichen. Der Krebs muss lernen, sich zu seinem Schutz ein dickeres Fell zuzulegen. Doch das kann auch zu viel verlangt sein. Dann nämlich, wenn du es bist, der die Gefühle des Krebskindes verletzt! Dann wird sich der Krebs in seine Schale zurückziehen, was dich wohl mehr kränkt als der schlimmste Wutanfall.

Disziplin

Ja, dein kleiner Krebs ist sanft und fügsam, aber auch er wird in der Kindheit manches »falsch« machen. Meist hat das mit seiner Neigung, sich selbst zu verwöhnen, zu tun. Obwohl dein Krebskind sensibel ist, legt es auch eine gewisse Impulsivität an den Tag. Vermutlich möchtest du nicht, dass dein Kleines die Makkaroni mit Käsesauce anrührt, die auf dem Herd köcheln. Dann darfst du ihm aber auch nicht den Rücken zukehren! Dein Krebs nimmt ohnehin an, dass du weniger mitbekommst als er. Vor allem wenn es darum geht, im Topf zu rühren. Wer ist denn hier schließlich der Kümmerer?

Der Krebs hat normalerweise keine sonderlich raffinierte Trickkiste, um Strafe zu vermeiden. Aber sein hochsensibles Gebaren soll dich immerhin dazu bringen, keine allzu schwere Strafe zu verhängen. Am besten für das Krebskind ist es, ihm eine begrenzte Auszeit auf seinem Zimmer zu verordnen. Doch Achtung: Drohe niemals mit Strafen, die du dann doch nicht verhängst. Sobald der Krebs den Respekt vor dir und dem, was du sagst, verliert, ist es vorbei. Der Krebs ist nicht nur besonders sensibel, er weiß auch ganz genau, was dich aus der Fassung bringt! Er wird dich auf deine Fehler hinweisen und dich beleidigen, wenn er seine Dominanz zeigen will. Selbst du wirst dich fragen, wer hier Elternstelle vertritt, du oder dein Kind. Also bleib konsequent, stark und berechenbar. Dann wird dein Krebslein zu einem ehrlichen, verlässlichen und selbstsicheren Menschen heranwachsen.

Was dein Krebs am liebsten mag

LIEDER UND ABZÄHLREIME

Schlaf, Kindlein, schlaf: Wiegenlied, das dem Krebs ein Gefühl von Sicherheit vermittelt.

Trarira, der Sommer, der ist da: Das Lied zum Sommeranfang.

Klitzekleine Spinne krabbelt an der Wand: Ein Lied übers Überleben!

FILME

101 Dalmatiner: Über hundert zauberhafte Hündchen vor einem Bösewicht retten? Klassisches Krebsthema.

Die Eiskönigin: Liebe, gegenseitige Unterstützung und eine tränenreiche Wiedervereinigung – das lehrt den Krebs die wahren Werte der Familie.

Paddington: Ein Kuschelbär findet, was der Krebs am höchsten schätzt – ein liebevolles Heim.

SPIELE

Seilspringen: Der Krebs mag Altmodisches, und dieses Spiel bringt ihn so richtig in Schwung.

Tee-Ball: Man schlägt von einer Schlaghilfe, dem Tee, ab und lernt so früh Baseballtechniken.

Reise nach Jerusalem: Dein Kind spielt ja zu gerne Vater oder Mutter. Lass es darüber entscheiden, wann die Musik gestartet und gestoppt wird.

BÜCHER UND GESCHICHTEN

Wilbur und Charlotte von E. B. White: Eine kleine Spinne, die das Schweinchen davor rettet, geschlachtet zu werden? Der Krebs ist hingerissen.

Die Bremer Stadtmusikanten: Auch hier finden die alten Tiere eine neue Heimat.

Der Regenbogenfisch von Marcus Pfister: Die Geschichte zeigt, wie wichtig es ist, zu teilen und einen klaren Blick auf sich selbst zu haben.

GESUNDE LECKERBISSEN

Vollkornbrot: Tröstliches Essen.

Wasser: Wirklich sehr wichtig!

Melone: Süß, aber auch sehr wasserhaltig.

Der Krebs und sein Stil

Der Krebs mag es gerne praktisch und auch ein bisschen altmodisch. Flecken von den verschiedensten Nahrungsmitteln können zum Problem werden, denn der kleine Krebs steht einfach auf Essen – mitunter wortwörtlich! Daher sollte seine Kleidung pflegeleicht sein. Der Krebs putzt sich gerne heraus, aber nur für wirklich besondere Anlässe. Meist ist ihm Bequemlichkeit wichtiger als Stil.

Der Krebs in seiner unmittelbaren Umgebung

Das Nest des Krebskindes ist alles andere als ordentlich. Irgendwie liegt immer etwas herum, denn dem Krebs fällt es schwer, Dinge einfach auszusortieren. Also lass ihm den Raum für seine umfangreiche Spielzeugsammlung, aber versichere ihm auch, dass die weggeräumten Sachen nicht verschwunden sind.

Wie du den Krebs beruhigst

Krebskinder sind sanftmütig und sensibel. Ja, sie weinen wirklich häufig. Manchmal einfach nur, weil ihnen die Welt zu laut, zu kalt oder zu warm ist. Normalerweise hilft es, wenn du dein Kleines in den Arm nimmst. Reicht das nicht aus, kommt es vermutlich zu Bauchschmerzen. Krebsbabys haben häufig Probleme mit der Verdauung. Schließlich ordnet man den Magen dem Mond zu, dem Planeten, der im Krebs herrscht. Aber wenn sich die Stimmung des Krebsleins bessert, verschwindet auch das Bauchweh!

Lass das Krebslein auf jeden Fall immer sein Bäuerchen machen, bevor du es ins Bett bringst. Wenn es die Luft im Bauch nicht loswird, erwartet dich eine unruhige Nacht. Auch solltest du zum Füttern eine ruhige Umgebung wählen. Krebskinder erschrecken leicht, vor allem durch laute Geräusche – selbst solche, die vom TV-Krimi kommen, der im angrenzenden Zimmer läuft. So etwas stört die Verdauung des Krebskindes ganz erheblich. Eine gute Idee fürs Kinderzimmer wäre, eine Klangmaschine mit weißem Rauschen aufzustellen, um Hundegebell oder Geräusche aus der Nachbarschaft zu übertönen.

Anregungen für das Krebskind

Am liebsten hat der Krebs es, wenn man ihm die Verantwortung für etwas oder jemanden überträgt – natürlich unter Aufsicht. Dieses Kind liebt das kleine Geschwisterchen, aber es begnügt sich auch mit einem Baby aus dem Freundeskreis oder der Verwandtschaft. Nichts liebt der Krebs mehr, als Verantwortung für jemanden zu haben, der seine Hilfe benötigt. Wenn du kein Haustier halten kannst, dann nimm dein Kleines mit ins Tierheim oder in den Streichelzoo, wo es mithelfen darf. Was der Krebs noch zu schätzen weiß:

- **Stofftiere:** Der Krebs beruhigt sich auf der Stelle, wenn er etwas zum Kuscheln und Kümmern hat.
- **Babypuppen und Werkzeug:** So lernt das Krebskind grundlegende häusliche Fertigkeiten.
- **Kinderküche:** Der Krebs wird für dich »kochen«.

Der Lernstil des Krebses

Der Krebs lernt durch sinnliche Empfindungen. Er wird Gelerntes immer damit assoziieren, was er riechen, hören und intuitiv wahrnehmen konnte, als er zum ersten Mal damit Bekanntschaft machte. Der Krebs lernt meist früh lesen, weil er wissen will, was um ihn herum vorgeht. Sicherheit ist für den

Krebs ein wichtiges Thema, also solltest du deinem Kind so früh wie möglich beibringen, dass Wissen Macht ist. Eine positive Haltung zur Schule trägt viel dazu bei, dass das Krebskind sich sicher fühlt.

Wie du dein Krebskind erziehst

Ratschläge für dich als …

WIDDER

Du und dein kleiner Krebs habt einiges zu klären, aber es gibt auch Gemeinsamkeiten. Denn ihr liebt euch heiß und innig. Vergiss dies nicht, wenn der Krebs mal wieder die Zusammenarbeit verweigert. Du bist ja eher extrovertiert und aufgekratzt, aber nicht, wenn es um dieses Kind geht. Der Krebs ist ein Kümmerer, aber ein Krebskind braucht auch jede Menge Streicheleinheiten. Möglicherweise fällt dir das schwer, denn du bist in deinem körperlichen Äußerungen unglaublich direkt und energiegeladen. Beim Krebskind solltest du dir vorstellen, dass du eine zerbrechliche Porzellanpuppe in Händen hältst. Das gilt für die Seele deines Krebsleins ebenso wie für die körperliche Verfassung.

Du bist ein guter Lehrer für deinen kleinen Krebs. Du kannst ihm zeigen, wie er »härter im Nehmen« wird, sodass er sich in der Welt behaupten kann. Dir wird dein Kind viel beibringen, was Geduld und Sensibilität angeht, sodass du seine Gefühle verstehst. Versuch also nicht, den Krebs durch fordernde Sportarten und Wettbewerb abzuhärten. Lass dir vielmehr zeigen, wie du das Biest zähmen kannst, das jeder von uns in der Brust trägt. Schau zu, wie dein Kleines mit einem Tier umgeht, und schon ist der Zauber gewirkt.

STIER

Du wirst es genießen, einen Krebs im Haus zu haben. Die ruhigen Bewegungen, die sanftmütige Persönlichkeit – all das passt perfekt in dein friedliches

Heim. Allerdings kannst du nicht ganz glauben, wie sensibel so ein Kind sein kann. Ein Hauch von Missbilligung, und schon fließen die Tränen. Dieses Kind hat eine hohe Eigenmotivation, was dazu führt, dass eure Prioritäten nicht immer übereinstimmen. Beide beschützt ihr gerne andere, aber du schaffst dies auf dem materiellen Weg, während der Krebs emotionale Sicherheit braucht. Der Krebs wird dich drängen, seine Gefühle zu verstehen und vielleicht auch deine eigenen!

Du bist glücklich, wenn der kleine Krebs tut, was du möchtest, weißt aber nicht so recht, wie du reagieren sollst, wenn er sich anders verhält. Vergiss nicht: Du musst den Krebs nicht ausschimpfen, damit er seine Finger von der Steckdose lässt, sondern kannst ihn viel eher mit sanften Worten dazu bringen. Der Krebs kann es nicht ausstehen, wenn er drangsaliert wird. Wenn du deine Autorität ausüben willst, ohne eine krasse Gegenreaktion zu provozieren, dann solltest du mit dem Krebs auf jene sanfte Weise kommunizieren, die ihm eigen ist.

ZWILLINGE

Du und dein kleiner Krebs, ihr habt eine merkwürdige, aber auch lockere Beziehung. Ihr seht die Welt mit ganz verschiedenen Augen, aber weil ihr das wisst, könnt ihr auch von Anfang an einen spannenden Austausch pflegen. Zuallererst musst du begreifen: Wenn du das Gefühl hast, jetzt ist es genug mit Kuscheln und Knuddeln, ist der Krebs noch längst nicht überfüttert. Du hast ein gefühlsbetontes Kind, das auch dann noch an dir hängt, wenn es deiner Meinung nach schon längst hätte loskrabbeln sollen, um zu schauen, was im Zimmer nebenan so los ist.

Du kannst dich gut um den Krebs kümmern, weil du die Dinge immer im Voraus abcheckst. Die Instinkte des Krebskindes indes beruhen nur auf Gefühlen. Ein solches Kind in deinem Leben zu haben kann dir den Weg zu deinen eigenen Emotionen eröffnen. Wenn du dich auf seine Gefühle einlässt, kannst du auch besser auf seine Bedürfnisse eingehen. Wenn du zum Beispiel weißt, dass der Krebs negativ auf jede Art von Überreizung reagiert, wirst du elend lange Weinkrämpfe von vornherein verhindern können.

KREBS

Es ist einfach toll, ein Kind mit demselben Sonnenzeichen zu haben! Ihr werdet euch gut verstehen. Du kannst mit einem Krebs die gleichen Spiele machen, die du als Kind gerne gespielt hast. In den meisten Fällen genügt das. Einige heikle Punkte wird es in eurer Beziehung trotzdem geben.

Welche Differenzen könntet ihr haben? Nun, du hast vielleicht vergessen, wie es ist, ein kleiner Krebs zu sein. Du bist mittlerweile erwachsen und kümmerst dich um andere Menschen, dein Krebs aber ist in einem Stadium, in dem er dich braucht … und zwar ununterbrochen! Es kann schwer sein, deinem Kind diese Bedürftigkeit abzugewöhnen. Schließlich willst du deine Gaben als Kümmerer einsetzen, um alle Probleme zu lösen und so Stress und Tränen von vornherein zu vermeiden. Doch solltest du zulassen, dass dein kleiner Krebs macht, was du auch getan hast: lernen durch Beispiel. Mach dem Krebskind klar, dass du es bedingungslos liebst, aber deine Grenzen hast. Auf diese Weise zeigst du ihm, wie man solche Grenzen setzt und sich ein dickeres Fell zulegt.

LÖWE

Dein sanfter und bewundernswerter Krebs hat sich ein paar ideale schützende Arme ausgesucht. Dein Krebskind scheint viel Kuscheln zu brauchen, mehr als andere Kinder. Aber deine Art, die Elternrolle auszufüllen, vermittelt dem Kleinen Selbstvertrauen und Stärke und ist für ihn von unschätzbarem Wert. Dein Kleines wird viel weinen. Du solltest das nicht ignorieren oder ablehnen. Zeig ihm vielmehr, dass alles in Ordnung ist und es sich nicht zu sorgen braucht! Eine Baby-Trage hält das Kind eng am Körper, sodass du es trösten und trotzdem deinen Verrichtungen nachgehen kannst. So zeigst du am besten, dass es kein Problem gibt und dein Kind nicht zu weinen braucht.

Auf den ersten Blick scheint es, als würdest du deinem kleinen Krebs nicht alles geben, was er braucht – vor allem aus der Perspektive des Kindes. Aber das Elterndasein ist ein Langzeitprojekt, und am Ende zählt, ob du dein Kind zu einem selbstständigen jungen Erwachsenen erzogen hast. Dein erwachsener Krebs wird es dir danken, dass du sein Selbstvertrauen und seine Unabhängigkeit gefördert hast.

JUNGFRAU

Dieses Kind wird dir in fast jeder Hinsicht vollkommen erscheinen – so wie du dir ein Kind immer vorgestellt hast. Und tatsächlich ist der Baby-Krebs lieb und sanft, freundlich und großzügig. Er wird dich stets anlächeln, um dich wissen zu lassen, wie sehr er deine Führung und Hilfe schätzt. Vergiss dies nicht, denn wenn dein kleiner Krebs heranwächst, wird er nicht immer so akkurat und vernünftig sein wie du. Es sind die Gefühle, die ihn motivieren. Daher wird er dich immer daran erinnern, dass Gefühle wichtiger sind als Dinge, Strategien und Verfahrensweisen. Wie der Krebs seine Spiel- und Anziehsachen verwahrt, treibt dich in den Wahnsinn. Ein Durcheinander, das in deinen Augen kein System erkennen lässt! Du kannst mit dem Krebs daran arbeiten, dass er bessere Strukturen entwickelt, aber sei nicht zu kritisch mit ihm. Wenn du dein Krebslein motivieren willst, dann versuch es lieber mit Komplimenten statt mit Kritik. Der Krebs spürt deine Reaktionen vorweg. Wenn er Missbilligung erwartet, zieht er sich vielleicht in sein Haus zurück. Ermutigung und Unterstützung helfen dem kleinen Schalentier, seine hehren Ideale mit praktikablen Methoden zu verbinden. So erziehst du den Krebs zu einem starken, verantwortungsbewussten Menschen, auf den du sehr stolz sein wirst!

WAAGE

Du liebst es, dein Krebs-Kleinod in den Armen zu halten. Dieses Baby ist so ungeheuer süß und strahlt eine so starke Liebe und Zusammengehörigkeit aus. Andererseits findest du vielleicht, es sei übermäßig anhänglich. Vergiss einfach deinen Wunsch, immer perfekt auszusehen, sonst kannst du dieses überwältigende Bedürfnis nach Beruhigung nicht erfüllen. Wenn du möchtest, dass dein Kind seine ewige Nervosität verliert, solltest du ihm gleich zu Anfang viel Körperkontakt schenken. Du zeigst deine Liebe zwar eher mit Worten und Gesten, aber der Krebs muss dich einfach »spüren«.

Während dein Kind heranwächst, werdet ihr euch gut verstehen. Ihr mögt beide ein wenig Abwechslung und schätzt neue Projekte über alles. Nimm deinen Mini-Krebs mit ins Museum oder zeig ihm Bilder, die in ihm die Liebe zur Kunst wecken. Außerdem solltest du dem Krebs ermöglichen, seine Gefühle kreativ auszudrücken! Solche Dinge solltest du fördern. Vielleicht willst du ja selbst mitmachen. Schenke dem Krebs deine ganze Liebe und vielleicht noch mehr Zuneigung, als er deiner Ansicht nach zu brauchen scheint. Denn damit gibst du ihm die Stärke und Wertschätzung, die er wirklich braucht.

SKORPION

Du wirst mit deinem Krebskind leichtes Spiel haben, weil du einfach verstehst, worum es diesem emotionalen Kind geht. Auch du »weißt einfach«, was andere Menschen fühlen. Was dir vermutlich weniger behagt, ist die Tatsache, dass der Krebs deine ständige Aufmerksamkeit fordert. Da du nicht zu den Eltern gehörst, die unerwünschtes Verhalten durchgehen lassen, sollte dein Krebslein lernen, sich selbst zu trösten. Allerdings solltest du es nicht im Kinderbett weinend sich selbst überlassen. (Für den Krebs heißt das im Klartext: »Ich wurde im Stich gelassen.«) Werde lieber kreativ. Sobald dein Kind alt genug ist, kannst du ihm auftragen, sich um ein Stofftier »zu kümmern« oder etwas für dich aufzubewahren. Das schärft die Kümmerer-Instinkte des kleinen Schalentiers und zeigt ihm darüber hinaus, wie viel Spaß es macht, nicht nur an sich zu denken. Außerdem ist dein Krebslein so nicht *wirklich* allein.

Doch es wird auch Zeiten geben, in denen du auf Disziplin pochen musst. Geh dabei so direkt wie möglich vor. Mach dem Krebs klar, wenn er etwas Gefährliches oder Störendes tut. Aber lass ihn auch wissen, dass du ihm vergeben wirst. Das Schlimmste wäre es, dieses Kind mit Missachtung zu strafen. Das sorgt für tiefe Wunden auf emotionaler Ebene – und ihr seid doch beide zu sensibel, um es so weit kommen zu lassen.

SCHÜTZE

Du kannst vielleicht nicht gleich etwas mit diesem Kind anfangen, aber das kommt schon noch. Der kleine Krebs ist extrem sensibel und emotional. Und du bist das eben nicht! Allerdings kann euch das beiden guttun. Der Krebs wird lernen, dass alle anderen nicht ständig auf Zehenspitzen um seine Gefühle herumtänzeln. Gleichzeitig wirst du lernen, weniger direkt zu sagen, was du denkst, vor allem wenn sich das so anhört, als würdest du dieses immer leicht unsichere Kind kritisieren. Krebskinder nehmen immer auf, was man zu ihnen sagt, und verarbeiten es tief drin, selbst als kleine Kinder. Der wechselseitige Lernprozess, den die Elternschaft mit sich bringt, beinhaltet auch, dass du dein eigener Korrektor wirst.

Das Krebskind spielt gerne, aber das heißt ja nicht, dass es jene Spiele liebt, die dich begeistert haben. Also wirf alle Hemmungen über Bord und lass dich vom Krebslein zu einer Teegesellschaft mit Plüschtieren oder zur Schulstunde mit Legofiguren einladen. Der Krebs kann zwar lernen, Sport zu schätzen, aber das musst du ihm ganz langsam und vorsichtig beibringen. Dieses Kind ist empfindsam, körperlich ebenso wie geistig. Es wird deine Aufgabe sein, dem Krebs zu zeigen, wie er seine äußere Schale härten kann.

STEINBOCK

Du und der Krebs kommt gut miteinander zurecht, und das aus ganz erstaunlichen Gründen. Du bist verliebt in dein Baby, weil es die Wunder der Welt – mit ihren Traditionen und Organisationsstrukturen – mit solcher Sanftmut hinnimmt und alles tut, um dazuzugehören. Aber du wirst auch merken, wie extrem sensibel der Krebs ist. Selbst das kleinste Geräusch versetzt ihn in Angst und Schrecken, sodass du mehr als eine schlaflose Nacht

damit zubringst, dein Kleines davon zu überzeugen, dass »es ja nur ein Traum« war.

Dein Krebskind bewundert deine Stärke und dein Selbstvertrauen. Es wird beides selbst entwickeln, weil du so ein gutes Vorbild abgibst. Lass deinen Krebs zuschauen, während du etwas organisierst, die Managerrolle übernimmst oder die Erfolgsleiter hinaufsteigst. Deine Motivation besteht gewöhnlich darin, dass du deiner Familie Sicherheit geben willst. Und niemand weiß dies mehr zu schätzen als dein kleiner Krebs! Sei sanft, wenn du dem Krebslein Disziplin beibringen musst, aber spare nicht mit unmissverständlichen Worten, wenn sie gebraucht werden. Dieses Kind wird stets versuchen, mit seinem Fehlverhalten ungeschoren davonzukommen. Es wird allerlei Gründe finden, warum du ihm mehr Aufmerksamkeit schenken musst. Du kannst dies vermeiden, indem du von Anfang an viel Zeit einplanst, um dein Krebslein im Arm zu halten, es zu beobachten und ihm zuzuhören.

WASSERMANN

Du siehst die Welt auf jeden Fall ganz anders als dein Krebskind. Daher solltest du dich wirklich bemühen, dein Kind davon abzuhalten, stets nur aus emotionalen Gründen zu agieren. Das Leben hat schließlich noch andere Facetten als die Gefühlslage eines Menschen, wie man an dir sieht: Du kannst wunderbar leben, ohne dir groß Gedanken über deine Gefühle zu machen. Andererseits kann der nicht gerade logikverliebte Krebs alles durch die emotionale Brille sehen – und das verleiht ihm Instinkte, von denen du nur träumen kannst.

Du wirst dich also ganz schön anstrengen müssen, wenn du deinem Krebskind Sicherheit geben möchtest. Wenn du müde vom Herumtragen bist, dann setz dich in den Schaukelstuhl. So könnt ihr noch ein bisschen länger zusammenbleiben. Hat der Krebs Angst vor einem Ungeheuer im Schrank, dann nimm dir genügend Zeit, bis er verstanden hat, dass das nichts ist, wovor er sich fürchten müsste. Mit jedem zusätzlichen Zuspruch, der dem Krebslein zeigt, dass es sicher ist, wird es dir mehr vertrauen und dich noch mehr bewundern.

FISCHE

Du kannst dein Krebskind stundenlang wiegen und dieses zarte Bündel im Arm halten, während es schläft. Wenn es aber heranwächst, musst du dich aus der Traumwelt verabschieden, wenn du seine Erwartungen erfüllen möchtest. Das Krebslein braucht verlässliche und konsequente Eltern. Du kannst also nicht die Zeit fürs Zubettgehen endlos hinausschieben, weil dein Kleines gerade so viel Spaß hat, oder es nur mit Pommes füttern, weil es die am liebsten isst. Möglicherweise denkst du ja, dass der kleine Krebs genau das von dir will. In Wirklichkeit aber erwartet das Krebslein von dir eine sichere und strukturierte Umgebung, in der es unbeschadet aufwachsen kann.

Wenn du den Krebs zur Ordnung rufen musst, tust du das am sinnvollsten, indem du ihm erklärst, wieso sein Tun andere Menschen verletzen könnte. Bevor der kleine Krebs jedoch auf Worte reagiert, musst du ihn vor Gefahren bewahren. Selbst wenn er dich oder andere Menschen treten möchte, musst du ihm zeigen, dass du immer noch der Stärkere bist, ganz gleich wie stark dein Kleines sich fühlen mag. Am Ende wird das Gefühl, dass da jemand ist, der es beschützt, ihm zu einem starken Charakter verhelfen.

5

Löwe:

der dramatische Star

GEBURTSTAG: 23. Juli bis 23. August
HERRSCHENDER PLANET: Sonne – die energiereiche, lebendige Seite des Lebens
ERHÖHTER PLANET: nicht nötig; die Sonne hat genug Kraft, um dieses Zeichen zu erleuchten
FARBE: Orange und Gold
SCHUTZSTEINE: Citrin, Sardonyx

Wenn der Sommer seinen Höhepunkt erreicht und alles warm und üppig und wunderbar ist, kommt der kleine Löwe zur Welt. Der Löwe ist ein Feuerzeichen und – weil er in der Mitte der Jahreszeit geboren wird – ein fixes Zeichen. Das heißt, er legt viel Wert darauf, dass die Dinge so geschehen, wie er sich das vorstellt. Du wirst schnell merken, dass der kleine Löwe dir auf höchst dramatische Weise zeigt, was er will. Nun ja, die Dramatik stellt er eigentlich immer und überall zur

Schau! Von dem Tag an, an dem du dieses Kind das erste Mal in den Armen hältst, ist dir bewusst, dass es etwas ganz Besonderes ist. Der Löwe ist der König bzw. die Königin des Dschungels. Vielleicht strahlt dein Kleines ja deshalb etwas Hoheitliches aus? Hast du es nun für den Rest deines Lebens mit einer Primadonna zu tun? Nur wenn du dem kleinen Löwen gegenüber keine Führungsqualitäten zeigst, um seine egozentrische Art zu dämpfen. Denn nur so wird man deinem kleinen Löwen jene Achtung entgegenbringen, die er so dringend braucht.

Löwekinder bitten nicht um etwas. Sie fordern es ein. Glücklicherweise haben sie ein angenehmes Wesen. Sie sind niedlich, ja manchmal geradezu hinreißend. Du erkennst den Löwen an seiner Mähne. Die meisten Löwekinder kommen mit einem prächtigen Haarschopf zur Welt oder entwickeln ihn mit der Zeit. Der Löwe braucht viel körperliche Bewegung. Er wird aber nur dann mitspielen, wenn das Ganze nicht als deine Idee rüberkommt. Du wirst schnell feststellen, dass dieses Kind bei jeder Gelegenheit auf seine Autorität pocht. Daher ist es so wichtig, dass du schon früh die Regeln machst und sie auch durchsetzt. Hat der Löwe den Eindruck, dass du nicht stark genug bist, um die Familie zu beschützen, wird er versuchen, diese Rolle an deiner Stelle zu übernehmen. Das sollte dir Motivation genug sein, um deine elterliche Autorität ohne Zögern auszuüben. Nur so kann der kleine Löwe lernen, sein größtes Talent auszubilden: warmherzige Führungsqualitäten.

Talente und Neigungen

THEATER

Löwekinder sind großartige Darsteller. Auf diese Weise lernen sie nicht nur, Präsentationen durchzuführen und voller Begeisterung und Mut in der Öffentlichkeit zu sprechen. Ein Theaterkurs bietet dem kleinen Löwen auch die Möglichkeit, seine Neigung zum Drama abseits des wirklichen Lebens auszuagieren. Der Löwe lebt sein Leben in vollen Zügen, und wenn er sich nicht ausleben kann, wird er sich in Situationen begeben, die er deiner Ansicht nach besser vermeiden sollte.

SPRACHE

Der Löwe ergreift jede Chance, um sprechen zu lernen. Er ist nicht der Typ für Wortspiele, aber er nutzt seine Ausdruckskraft, um deutlich kundzutun, was er will. Das erste Wort, das dein Löwebaby lernt, ist vermutlich nicht »Mama« oder »Papa«. Da sich in seinen Augen alles um ihn selbst dreht, ist sein erstes Wort vermutlich »ich«.

REDEN IN DER ÖFFENTLICHKEIT

Der Löwe fordert Aufmerksamkeit, daher tut es diesem geselligen Kind gut, wenn es vor ein Publikum treten kann. Dein Kind wird ein guter Erzähler, Moderator oder Klassensprecher sein. Diese Eigenschaft bleibt ihm vermutlich auch im Erwachsenenalter erhalten. Fördere dieses Talent, indem du dein Kleines große Reden schwingen lässt – vielleicht zu den Gründen, warum der kleine Löwe glaubt, die Spiegel im Haus müssten so hängen, dass er sich darin sieht.

Herausforderungen

Der kleine Löwe ist ein Charmebolzen, aber nicht jeder wird die extrovertierte und mitunter schrille Art deines Kindes zu schätzen wissen. Manchmal stellt sich die Frage, ob du dein Kind vielleicht zu oft gelobt hast. Der Löwe bewundert sich selbst, daher entwickelt er häufig ein überdimensioniertes Ego. In gewisser Weise willst du dein Kind ja in seiner Selbstsicherheit nicht schwächen, und das ist richtig so! Aber du musst auch dafür sorgen, dass es die Bedürfnisse anderer berücksichtigt. Bring ihm bei, dass es wichtig ist, sich selbst zu lieben, aber noch wichtiger, sich um jene zu kümmern, die unsere Hilfe brauchen.

Wenn du ihm diese Haltung früh vermittelst, vermeidest du einige klassische Löwe-Probleme: Rowdytum, Wutanfälle und das Ausagieren negativer Gefühle. Aber es ist kaum anzunehmen, dass es in der Kindheit des Löwen nie zum Konflikt wegen solcher Verhaltensweisen kommt. Wenn dies der Fall sein sollte, dann musst du dem Löwen ganz klar seine Grenzen aufzeigen. Sobald du das geschafft hast, hat der Knirps begriffen, dass diese Art Verhalten ihn nicht weiterbringt.

Disziplin

Du musst mindestens genauso stark und konsequent sein wie dein kleiner Löwe, wenn du ihn zu erwünschten Verhaltensweisen bewegen willst. Natürlich gibt es für das Löwebaby quasi nichts, was es »falsch« machen könnte. Doch wenn es irgendetwas anfasst, was verboten oder gefährlich ist, musst du schnell und überzeugend sein. Der kleine Löwe ist zwar nicht besonders impulsiv, geht aber mitunter davon aus, dass das, was du sagst, nicht stimmt. So glaubt der Mini-Löwe vielleicht nicht, dass der Ofen heiß ist, bis er es selbst getestet hat. Klein-Leo wird vermutlich nicht die Hand auf die Herdplatte legen oder das Stofftier in den Backofen schieben. Aber es ist schon sinnvoll, den kleinen Löwen stets im Auge zu behalten. Das enorme Selbstbewusstsein deines Lieblings bringt ihn gelegentlich in Schwierigkeiten.

Wenn du feststellst, dass der Löwe etwas angestellt hat, was deinen Regeln widerspricht, solltest du neben der Strafe auch noch klarmachen, dass er nicht der Mittelpunkt der Welt ist. Natürlich ist er noch zu klein, um gemeinnützige Arbeit zu leisten. Also überträgst du ihm am besten einen Teil der Hausarbeit. Selbst ein Kleinkind kann einen Besen benutzen oder Spielzeug einsammeln, das im ganzen Haus verstreut ist. Gib dem kleinen Löwen eine Aufgabe, die ihm zeigt, wie schön es ist, wenn er etwas für die Gemeinschaft tut – selbst wenn die Gemeinschaft nur dein eigener Hausstand ist!

Was dein Löwe am liebsten mag

LIEDER UND ABZÄHLREIME

Funkel, funkel, kleiner Stern: Der Löwe wird hingerissen sein vom strahlenden Diamanten am Himmel.

Guten Abend, gut' Nacht: Mit Röslein bedacht fühlt der kleine Löwe sich besonders wohl.

The Lion sleeps tonight: Auch diesen Song wird der heranwachsende Löwe lieben.

FILME

Der König der Löwen: Zeigt, was es heißt, König oder Königin zu sein.

Sing – der Film: All die Tiere, die auf der Bühne ihr Talent zeigen, sollten einen kleinen Löwen ansprechen.

Elliot, der Drache: Die wunderbare Geschichte von der Freundschaft zwischen einem Drachen und einem Menschenkind in den tiefen, ungezähmten Urwäldern.

SPIELE

Improvisationstheater: Wenn ihr euch Showeinlagen für eine Vorstellung zu Hause ausdenkt, kommt das der kreativen Seite deines kleinen Selbstdarstellers zugute.

Bäumchen rüttel dich, Bäumchen schüttel dich: Dieses Spiel hilft, Energie abzulassen und den kleinen Racker zu ermüden.

Scharade: Selbst als Kleinkind stellt der Löwe gerne pantomimisch etwas dar.

BÜCHER UND GESCHICHTEN

Der Löwe ist los von Max Kruse: Der Löwe entkommt in die Freiheit. (Wurde auch mit der Augsburger Puppenkiste verfilmt.)

König Arthur und die Ritter der Tafelrunde: Heldenhafte Abenteuer sind genau das Ding für den kleinen Löwen.

Weißzahn, der Wolfshund von Jack London: Eine Geschichte über Heldentum, Ehre und Loyalität, die das königliche Gemüt des Löwekindes ansprechen.

GESUNDE LECKERBISSEN

Karotten: Die starke Farbe verlockt den Löwen zu einer gehörigen Portion Vitamine.

Ananassaft: Süß und ganz besonders – wie dein Löwekind.

Orangen: Auch hier fasziniert die Farbe ebenso wie der facettenreiche Geschmack.

Der Löwe und sein Stil

Gibt es Windeln aus Goldlamé? Wenn ja, würde das Löwebaby sie mit Grandezza tragen. Der Löwe fällt auf, sieht aber dabei nie billig aus. Seine Lieblingsfarben sind Rot, Orange und Gelb.

Der Löwe in seiner unmittelbaren Umgebung

Absolute Stille findet der Löwe unnatürlich. Sinnvoll wäre es vermutlich, das Kinderzimmer gleich mit einem Gerät zu versehen, auf dem du sanfte Musik oder Naturgeräusche abspielen kannst. Was das Dekor angeht, braucht der Löwe starke Farben und Formen. Alles, was die Majestät der strahlenden Sonne widerspiegelt, wird vom Löwekind geschätzt. Licht beruhigt den kleinen Löwen, also achte darauf, dass im Kinderzimmer nicht ständig die Vorhänge/Jalousien geschlossen sind.

Wie du den Löwen beruhigst

Der Löwe zeigt sich recht anspruchsvoll, wenn er etwas möchte, und kann dann sehr hartnäckig sein. Gelegentlich beschert ihm dies Krämpfe in der Brustregion, die sich negativ auf Atmung und Verdauung auswirken. Diese Region wird entspannt, wenn der kleine Löwe weit die Arme öffnet.

Du bringst ihn zum Schlafen, wenn du jeden Tag das gleiche (wenn auch langweilige) Ritual ausführst. Es zeigt ihm, dass nun ohne Wenn und Aber die Zeit ist, das Licht auszumachen und zu schlafen. Sobald er älter ist, kannst du ihm etwas mit ins Bettchen geben, an dem er sich festhalten kann: eine Schmusedecke oder ein Stofftier. Auch dieses Objekt signalisiert deinem Löwekind, dass es nun Zeit für dich ist, die königliche Schlafkammer zu verlassen.

Anregungen für das Löwekind

Der kleine Löwe liebt Spielzeug in bunten Farben, das ihm aufregende Erlebnisse ermöglicht. Zum Beispiel:

- **Plüschbälle** in bunten Farben, die Klingelgeräusche machen
- **Stofftiere**, die zum Rollenspiel anregen
- **eine Babytrommel**, mit der der Löwe sein inneres Wildtier ausdrücken kann

Der Lernstil des Löwen

Das größte Problem, das der Löwe beim Lernen hat, ist, dass er nicht zuhört. Er kann in der Schule durchaus Erfolg haben, aber dazu braucht er einen Lehrer, der stark genug ist, um ihn zu bändigen, und so viel Wissen und Integrität besitzt, dass dein Löwekind ihn respektiert. Für dieses Kind solltest du die Schule mit Sorgfalt wählen. Der Löwe passt sich nicht einfach an oder verträgt sich mit allem und jedem. Dein kleiner Löwe ist nicht »wie alle anderen«. Er wird seine Kindheit mit der Frage zubringen, wie er aus der Menge hervorstechen kann, auch in der Schule.

Wie du dein Löwekind erziehst

Ratschläge für dich als …

WIDDER

Den kleinen Löwen zum ersten Mal in den Armen zu halten ist aufregend. Und falls du es noch nicht bemerkt haben solltest, wird er dich ständig auf die eine oder andere Weise daran erinnern, dass er etwas Besonderes ist. Du wirst begeistert davon sein, wie mutig und kühn das Löwekind ist. Und das ist wunderbar, aber wenn du nicht aufpasst, hält bald der Löwe die Zügel in der Hand!

Wenn es um die allgemeine Aufmerksamkeit geht, genießt du es, wenn du im Mittelpunkt stehst. Doch deine Liebe zum Löwekind sorgt dafür, dass du dich abplagst, um jedem seiner Wünsche, jeder seiner Launen zu entsprechen. Natürlich ist es deine Aufgabe, die Grundbedürfnisse des Babys zu erfüllen, aber du musst stark sein, wenn du nicht die ganze Zeit damit zubringen willst, Baby Löwe glücklich zu machen. Eine der wichtigsten Lektionen, die du diesem Kind vermitteln kannst, ist, dass es nicht möglich ist, jederzeit 100 Prozent der Aufmerksamkeit zu bekommen. Lustigerweise ist dies eine Lektion, die du selbst irgendwann lernen musstest. Wer wäre also ein besserer Lehrer als du?

STIER

Du und dein Löwekind, ihr seid ein ideales Eltern-Kind-Paar. Dein Kind ist zwar dramatischer und ausdrucksstärker als du, aber was Entschlossenheit und Beharrlichkeit angeht, steht ihr auf einer Stufe. Die Erziehung dieses Kindes wird dich einiges darüber lehren, wie schwierig es ist, mit jemandem zusammen zu sein, der mitunter so unerschütterlich ist wie du. Das inspiriert dich vielleicht dazu, ein wenig mehr Spontanität an den Tag zu legen oder dem kleinen Löwen beizubringen, wie er einfacher zu handhaben ist.

Die Führungsqualitäten dieses Kleinen, sein persönliches Charisma findest du toll. Du wirst diese Eigenschaften voller Stolz weiter fördern. So wirst du häufig zum Resonanzkörper deines Kindes. Du musst also genauestens darauf achten, wann der Löwe auf dich hören muss, und klare Grenzen setzen, wann immer du Zeit für dich oder andere Menschen/Dinge brauchst. Gerade deine Bewunderung für das Löwekind verleitet dich dazu, seinen Wünschen zu oft nachzugeben. Wenn der Löwe mehr Territorium einfordert, als du zu geben bereit bist, stelle klare Richtlinien auf, wann es in Ordnung ist, dich zu unterbrechen, und bleib dabei. Das schönste Geschenk, das du diesem Kind machen kannst, ist ein klarer moralischer Kompass, der dem Löwen hilft, sich – in welcher Situation auch immer – für das Richtige zu entscheiden.

ZWILLINGE

Als Zwilling erlebst du es vermutlich des Öfteren, dass du einfach nicht weißt, was du mit dem Löwekind anfangen sollst! Du hättest nichts dagegen, wenn das Kleine auf eigene Faust die Welt erkunden würde, aber der Löwe hat eine ganze Reihe von Forderungen an dich und wünscht, dass du ihm nachgibst. Wenn du findest, du hättest jetzt genug Zeit mit ihm verbracht, wird er quengeln, weil du noch eine Geschichte lesen, noch mal mit ihm spazieren gehen oder noch ein Spiel spielen sollst.

Dir persönlich ist es unangenehm, wenn jemand dauernd über deine Zeit bestimmt, aber der Löwe hat da andere Vorstellungen. Das Gute ist, dass der Löwe wie ein aufgeschlagenes Buch für dich ist. Aber das ist gleichzeitig auch der Nachteil! Du wirst wissen, wenn sein Weinen tatsächlich ein Problem anzeigt oder nur deine Aufmerksamkeit erregen soll. Dass dieses Kind vollkommen von dir abhängig ist, zeigt dir vielleicht, dass du besser zumindest einen Teil deines freiheitlichen Lebensstils aufgibst und auf dieses kostbare Kind aufpasst. Vielleicht kannst du ja deine Freunde digital kontaktieren, während der kleine Schlingel schläft. Der Löwe liebt es, wie du Geschichten erzählen kannst, und wird unter deiner liebevollen Anleitung in puncto Konversation wohl Meister aller Klassen.

KREBS

Du amüsierst dich mit deinem kleinen Löwen. Du willst dieses Kind knuddeln und beschützen. Es wird zwar Zeiten geben, in denen du von dem Kleinen lernst, im Großen und Ganzen aber bist du es, der die Beziehung beherrscht – weil du nun mal der Elternteil bist!

Achte darauf, dass er nicht übermäßig anspruchsvoll wird. Dein untrüglicher Instinkt sagt dir, wann dein Kleines dir vorgaukelt, dass es einen Baby-Notfall gibt, um den du dich auf der Stelle kümmern musst. Wenn der Mini-Löwe also seine Show abzieht, musst du dich nicht gleich darauf einlassen. Deine Zurückhaltung bleibt dem Löwekind nicht verborgen und bewahrt es davor, sich zum kleinen Diktator zu entwickeln. Bring dem Löwen lieber bei, dass er sich auf seinen angeborenen Mut, seine Ehrlichkeit und seine Unabhängigkeit verlassen kann. Diese Tugenden werden deinem Kind sein Leben lang helfen.

LÖWE

Dein kleiner Löwe hat keine Vorstellung, was der Kosmos für euch bereithält! Genau wie du wird dein Kind davon ausgehen, dass es im Mittelpunkt stehen sollte, aber weil du schon gelernt hast, dass dies nicht immer möglich ist, kannst du ihm von Anfang an zeigen, wie es anders geht. Da dieses Zeichen eng mit der Sonne verbunden ist, bist du als Elternteil keineswegs der kuschlige Typ. Du bringst deinem Kind bei, wie es stark und kühn sein kann, und spendest Lob nur in solchen Mengen, dass es sich motiviert fühlt, die Erwartungen zu erfüllen.

Wenn dich etwas an deinem »Mini-Ich« frustriert, dann ist das der unerbittliche Kampf um die Aufmerksamkeit anderer. Du wirst das Kleine immer wieder ermahnen müssen, dass es schwierig ist, mit einem Menschen zu leben, der immer im Scheinwerferlicht stehen möchte – und vermutlich lernst auch du noch etwas dabei. Daher kannst du dich als Mensch auch weiterentwickeln, wenn du dieses Kind großziehst. Und das ist vielleicht das Coolste am Elternsein!

JUNGFRAU

Das Drama, das dieser kleine Wicht in deinem Leben inszeniert, ist zwar herrlich, aber es bringt auch einiges durcheinander. Selbst wenn es nur um eine volle Windel geht, wird dein Baby diese existenzielle Misere in jeden einzelnen seiner Schreie legen! Dieses Baby fasziniert dich, aber manchmal fragst du dich auch, ob der Kosmos sich einen Scherz erlaubt hat, als er diesen kleinen Rabauken in dein ach so ordentliches Leben brachte.

Aber dass ihr beide zusammen seid, hat seinen Grund. Zuallererst musst du dem kleinen Löwen beibringen, wie er seine Energie auf produktive Weise einsetzt. Du wiederum kannst lernen, alles ein bisschen lockerer zu nehmen. Das dramatische Talent des Löwekindes und der Unfug, den es so anstellt, geben dir Gründe genug, um dir die Haare zu raufen. Aber wenn du dein Leben ein kleines bisschen dem Zufall öffnest, dann kommen eine Wärme und ein Lachen auf dich zu, die du nie kennengelernt hättest, wäre dieses quirlige Kind nicht in dein Leben und dein Herz getreten.

WAAGE

Um das Löwekind zu erziehen, brauchst du all deinen Mut und deine Geduld, damit du das kleine Energiebündel im Zaum halten kannst. Der Löwe ist vielleicht kein bisschen selbstbezogener als du, nur spricht er dies offen aus. Für ihn gibt es nichts Schöneres, als es mit der Welt aufzunehmen und dabei anderen Menschen entgegenzutreten! Du hast genau jene Talente, jenes Gefühl für Gerechtigkeit und Gleichgewicht, das der Löwe braucht, um mit den frechen und rechthaberischen Zügen seiner Persönlichkeit umgehen zu lernen.

Aber du musst nicht streng sein, um deinen Standpunkt klarzumachen. Der Löwe blüht auf, wenn man ihn lobt. Versagst du ihm die Anerkennung, wird er sich das merken. Der Löwe will spüren, dass eure Beziehung »in Ordnung« ist, vielleicht noch mehr als du. Hat er das Gefühl, dass dem nicht so ist, dann macht der kleine Tyrann kehrt und zieht erschrocken den Schwanz ein. Also versuche, mit dem Löwen so direkt wie möglich zu sein. Lass dein Kind nicht raten, woran es liegt, sondern gib ihm die gleiche Gewissheit, die dir so wichtig ist.

SKORPION

Du wirst viel Spaß haben, während du den kleinen Löwe-Wonneproppen großziehst. Mit deiner Weisheit durchschaust du die großsprecherische Art des Kleinen, und du lässt dich unter gar keinen Umständen manipulieren. Grenzen setzen, Lebenslektionen geben und dem Löwen entschlossen zeigen, wie er seine Energie in sinnvolle Aktivitäten lenken kann – das sind die Geschenke, die du deinem Löwekind machen kannst.

Schwierigkeiten könnte es geben, weil ihr beide einen ganz unterschiedlichen EQ (Maßstab für emotionale Intelligenz) besitzt. Du hast davon jede Menge. Wenn mit deinem Löwekind etwas nicht stimmt, spürst du das, noch bevor es zu quengeln anfängt. Der Löwe besitzt nicht mal annähernd so viel Einfühlungsvermögen. Je eher du das akzeptierst, umso besser. Danach wird es deutlich leichter, mit diesem extrem dynamischen Kind umzugehen, ohne dass dabei deine Gefühle verletzt werden.

SCHÜTZE

Du wirst den kleinen Löwen in deinen Armen schwingen und das Gefühl haben, dass du endlich einen winzigen besten Freund gefunden hast! Du teilst mit dem Löwen die Leidenschaft des Feuerelements. Ihr seid beide extrovertiert und dynamisch. In eurem Haushalt erschallt laut das Lachen, vom ersten Tag an. Selbst als Kleinkind versteht der Löwe deine Art von Humor und kichert fleißig mit.

Trotzdem solltest du darauf achten, die Beziehung zum Löwekind nicht zu sehr auf Augenhöhe zu gestalten. Der Löwe neigt dazu, die Zügel an sich zu reißen, obwohl ja eigentlich du die Autoritätsperson bist. Dein Kleines kann nichts dafür. Es hat nun mal starke Führungsqualitäten und will diese einsetzen! So toll du es fändest, genauso unbekümmert zu sein wie dein Kind, das ist hier nicht deine Aufgabe. Der Löwe hat wie du starke Urinstinkte und wird versuchen, in jeder Beziehung das Zepter zu schwingen. Du musst deinem Kind zeigen, dass du weiser und stärker bist, als es denkt. Stell eindeutige Richtlinien auf und mach deinem Kind liebevoll klar, dass es diese befolgen soll. Lass dich nicht einwickeln! Das ist das Beste, was du für den kleinen Löwen tun kannst.

STEINBOCK

Du und der Löwe habt zu Beginn eurer Beziehung Schwierigkeiten, euch einigermaßen zu verstehen. Wenn ihr euch aber beide in Geduld übt, wird dies eine der besten Eltern-Kind-Beziehungen überhaupt. Das Problem besteht darin, dass der Löwe nicht gleich versteht, wer hier das Sagen hat. Das Kleine ist alles andere als gefügig. Ganz im Gegenteil, es wird versuchen, den Haushalt zu übernehmen: zuerst durch lautstark vorgebrachte Wünsche, was Füttern und Windelwechseln angeht, später durch problematischeres Verhalten. Bei diesem Kind musst du hart bleiben. Wenn du deine elterliche Autorität behalten willst, darfst du nicht einknicken.

Hat der Löwe erst gemerkt, dass er keine Chance hat, dich vom Thron zu stoßen, kommt ihr blendend miteinander aus. Du wirst die »Ich-ich-ich«-Mentalität deines Kindes in Aktivitäten lenken, durch die es zu einer mitfühlenden Führungspersönlichkeit wird. Da der Löwe gut mit Menschen umgehen kann, du aber der Typ fürs Management bist, könnt ihr viel voneinander lernen und dabei viel Spaß miteinander haben. Denn ihr wollt beide durch euer stellares Beispiel das Beste in euren Mitmenschen zum Vorschein bringen.

WASSERMANN

In der Beziehung zwischen dir und deinem Löwen wird es viele Höhen und Tiefen geben. Du wünschst dir, dass das Kleine ruhig, friedlich und liebevoll wird. In den frühen Jahren kümmerst du dich gerne um dein Kind, aber du möchtest ihm auch zeigen, dass die Welt mehr zu bieten hat als seine eigene, kleine Blase. Du führst den kleinen Löwen in die Welt ein, indem du ihn zum Einkaufen mitnimmst, und ermutigst ihn, den Sonnenschein, den er im Herzen trägt, mit anderen zu teilen.

Doch wenn der Löwe heranwächst, reagiert er bald nicht mehr so, wie du das gerne hättest. Der Löwe ist ein Individualist. Er hat es nicht gerne, wenn ihm jemand sagt, was er tun »soll«. Und das führt zu … endlosen Verhandlungen! Denn du denkst stets an die ganze Welt, der kleine Löwe aber interessiert sich in erster Linie für seine Entwicklung und seinen Erfolg. Tröste dich: Auf diese Art wird dein Kleines irgendwann das Beste in anderen zum Vorschein bringen. In der Zwischenzeit musst du dafür sorgen, dass dein kleiner Löwe kein egozentrischer Rowdy wird – und du bist mit Sicherheit der beste Lehrer, den dieses Kind sich wünschen kann.

FISCHE

Du bist unglaublich spontan, daher liegen dir Stundenpläne eher wenig. Dafür bist du außergewöhnlich kreativ und fantasievoll. Obwohl der Löwe diese Qualitäten zu schätzen weiß, braucht er doch etwas mehr Routine und Berechenbarkeit, als dir vorschwebt. Du und dein Löwekind werdet viel Spaß beim gegenseitigen Kennenlernen haben, aber weil ihr so unglaublich verschieden seid, ist dir nicht gleich klar, was du mit diesem kühnen und energiegeladenen Kind anfangen sollst. Wie alle Kinder braucht auch der kleine Löwe viel Liebe und einen sicheren Ort, an dem er aufwachsen kann. Nur dass der sichere Ort für den Löwen eben eine »Höhle des Löwen« ist – abgeschlossen, geschützt und sicher vor den Elementen. Du musst also manche Dinge umstellen, damit der Löwe dieses Gefühl entwickeln kann.

Kommt er aber dahinter, dass du nicht annähernd so willensstark bist wie er, wird er tun, was ihm Spaß macht. Du musst dir also eiligst Führungsqualitäten aneignen! Etwas, was für dich und dein Kind funktionieren könnte, sind die Kampfkünste. Ihr könntet vielleicht gemeinsam in einen Kurs gehen! Du lernst Selbstbehauptung, und dein Löwekind hat einen sicheren Ort, an dem es seine Durchsetzungsfähigkeit zeigen und dabei seine Grenzen kennenlernen kann. Habe keine Scheu, dir bei der Erziehung nötigenfalls auch professionelle Hilfe zu holen. Ein Fisch braucht das mitunter, wenn er es mit einem Löwen zu tun hat.

6

Jungfrau:

die kleine Arbeitsbiene

GEBURTSTAG: 24. August bis 23. September
HERRSCHENDER PLANET: Merkur – die nächtliche, zurückhaltende und scharfsinnige Seite
ERHÖHTER PLANET: Merkur
FARBE: Grasgrün, Braun
SCHUTZSTEINE: Blauer Saphir, Malachit

Das Kind, das du in den Armen hältst, ist herzig, klug und im höchsten Maße scharfsinnig. Während die kleine Jungfrau heranwächst, kannst du beobachten, wie dieses kluge Geschöpf alles und jedes auf den Prüfstand stellt und erst dann entscheidet, ob es Gnade findet. Die Jungfrau, die Maid, ist ein Erdzeichen, dabei aber veränderlich. Das heißt, sie kann sich gut an sich wandelnde Umstände anpassen.

Dabei muss die Jungfrau immer anderen Menschen oder einer Sache dienen, um sich wohlzufühlen. Du wirst merken, dass dieses Kind hinter all seinen Schritten einen Sinn sehen muss. Das hat seine Vorteile, aber es gibt auch Situationen, in denen das Jungfraukind von dir Unterstützung braucht.

Die Jungfrau ist sehr gut darin, kleine Aufgaben zu erledigen. Wenn sie das getan hat, braucht sie noch nicht mal deine Bestätigung. Dein Kind hat Spaß daran, alle Bauklötze der Form oder Farbe nach zu ordnen. Die kleine Jungfrau liebt Ordnung. Für die Jungfrau ist »gut genug« eben nicht genug. Sie will alles so perfekt wie möglich haben. Nun scheint es vielleicht ganz wunderbar, wenn ein Kind die Wohnung in Ordnung und seine Kleidung sauber hält. Aber du musst der kleinen Jungfrau Grenzen setzen. Denn da sie immer nach Perfektion strebt, kann es sein, dass sie ihre eigene Unvollkommenheit so tragisch nimmt, dass dieses Verhalten schon selbstzerstörerische Züge bekommt. Wenn du bemerkst, dass das Kind Phobien, Zwangsstörungen oder andere Verhaltensauffälligkeiten entwickelt, musst du sofort einschreiten. Einem Jungfraukind muss man ständig sagen, dass jeder Mensch mal Fehler macht und dass es deshalb auch seine eigenen nicht krummnehmen sollte!

Die Jungfrau geht kopfgesteuert auf die Welt zu. Sie analysiert und sortiert ständig. Eine gesunde Jungfrau ist mitunter kritisch, schenkt aber dir und dem Rest der Familie genau die richtige Dosis Liebe, Zuneigung und Loyalität.

Talente und Neigungen

KUNST UND HANDWERK

Deine kleine Jungfrau ist sehr geschickt darin, kleine Projekte auf die Beine zu stellen. Auch das Handgeschick entwickelt sich früh. Jungfraukinder schneiden gerne aus, spielen mit Knetmasse oder legen sich ein thematisch geordnetes Sammelalbum an. Wenn irgendetwas allerdings nicht nach Plan läuft, gerät die Jungfrau schnell aus der Fassung. Schon wenn dieses Kind ein Bild aus einer Zeichentrickserie falsch ins Album einordnet, macht es sich endlose Vorwürfe.

SPRACHE

Die Jungfrau ist sehr genau, was Sprache und Lesen angeht. Wenn du den Eindruck hast, dass sie Worte und Sätze nicht so schnell aufnimmt, wie sie es deiner Ansicht nach sollte, dann brich alles auf seine kleinsten Bestandteile herunter. Jungfraukinder brauchen Regeln und Strukturen, damit die Welt in ihren Augen einen Sinn hat. Mit Auswendiglernen kann sie allerdings gar nichts anfangen. Daher musst du schon sehr früh Grammatikregeln und korrekte Aussprache erklären.

GÄRTNERN

Die kleine Jungfrau liebt den Kontakt mit der Erde. Das hört sich komisch an, weil viele Jungfrauen viel Wert auf Hygiene legen, aber die Erde ist das Element der Jungfrau. Und wenn sie Kräuter oder Blumen wachsen lassen kann, bringt sie das auf natürliche Weise zurück zu ihren »Wurzeln«. Selbst als Kleinkind wird deine Jungfrau es zu schätzen wissen, wenn sie dank der Kraft der Erde wunderschöne Blüten hervorbringen kann.

Herausforderungen

Der unbedingte Wille zur Perfektion, den die Jungfrau an den Tag legt, kann zu Schwierigkeiten führen, vor allem wenn du etwas schnell erledigen musst und eben nicht perfekt sein kannst. Das zeigt sich zum Beispiel beim Anziehen, wo schon der kleinste Fleck oder ein nicht ganz perfekt gebundener Schnürsenkel stören. Oder beim Essen, wenn deine Kleine alles auf ihrem Teller ganz nach ihren Vorstellungen ordnet. Auch wenn du dieses Organisationstalent auf den ersten Blick super findest (was es auch sein kann), solltest du die Jungfrau hier etwas bremsen.

Denn hinter diesem ernsthaften Wunsch, alles richtig zu machen, verbirgt sich die eigentliche Motivation der Jungfrau: Sie will ihre Umwelt unter Kontrolle bekommen. Sie kann dich mit einem einzigen Blick kritisieren – und natürlich mit Worten, wenn sie erst einmal älter ist. Zu ihrem eigenen Wohl, aber auch zu deinem, musst du darauf achten, dass du in der Rangordnung über ihr stehst – und durchsetzen, dass dein Kind sie respektiert.

Interessanterweise erkennen manche Jungfraukinder auch, dass sie nie perfekt sein werden, und lassen Organisation und Sauberkeit sein. Wenn dein Kind so gar nicht in die jungfräuliche Schablone von »sauber und ordentlich« passen will, ist dies vielleicht der Grund. Dann musst du dein Kind ermutigen, wieder Ordnung in sein Leben zu bringen. Es kann eine Erleichterung sein, wenn das Jungfraukind nicht ganz so streng ist, aber ohne einen Sinn für Ordnung und Struktur wird die Jungfrau orientierungslos und unsicher. Deine Rolle als Elternteil ist es, deinem Kind dabei zu helfen, in ein förderliches Gleichgewicht zwischen Selbstliebe und Großzügigkeit zu kommen.

Disziplin

Wie bringt man einem Kind Disziplin bei, das sich ohnehin ständig selbst diszipliniert? Nun, sogar die Jungfrau, die auf Regeln Wert legt und auf Regelverstöße unnachsichtig hinweist, geht manchmal zu weit. Dann musst du

bereit und fähig sein, dir Autorität zu verschaffen, denn das ist es, was dieses Kind – möglicherweise unbewusst – verlangt.

Die Jungfrau muss lernen, dass sie nicht immer das Sagen hat, und auch nicht immer weiß, was das Beste für alle anderen ist. Ein guter Weg dahin ist es, der kleinen Jungfrau deinen Willen klarzumachen. Nehmen wir mal an, die Kleine geht lieber in den Park als in den Supermarkt. Dann gibt es darüber keine Debatten. Du sagst, was ansteht, und tust es dann auch. Wenn die Jungfrau dagegen ist, gibt es ein kurzes Kräftemessen, und das solltest du gewinnen!

Manchmal versucht die Jungfrau, dich auf die Palme zu bringen, damit du dich aufregst. Wann immer sie versucht, deinen Geduldsfaden reißen zu lassen, bleibst du am besten ruhig und setzt dich durch. Wenn du die Spielchen dieses Kindes ignorierst, hat es keine Kontrolle über dich. Das ist der beste Weg, um der Jungfrau zu zeigen, dass es noch andere Regeln und Grenzen gibt als die, die sie selbst aufstellt.

Was deine Jungfrau am liebsten mag

LIEDER UND ABZÄHLREIME

Eins, zwei, drei im Sauseschritt: Hier lernt die kleine Jungfrau, wann sie klatschen, sich bücken oder strecken darf.

Hab' ein Beet im Garten klein: Die Jungfrau lernt gärtnern.

Eins, zwei, drei, vier, fünf, sechs, sieben, in der Schule wird geschrieben: Da die Jungfrau gerne lernt, findet sie das Lied mit der Schule toll.

FILME

Zoomania: Zeigt, wie wichtig Zusammenarbeit ist.

Eine zauberhafte Nanny: Der Film über eine wunderbare Nanny spricht den Ordnungssinn der Jungfrau an.

Wall-E, der Letzte räumt die Erde auf: Mit jemandem, der die Erde aufräumt, kann die Jungfrau sich identifizieren.

SPIELE

Fadenspiele: Großartig, um das Handgeschick zu verbessern.

Schere, Stein, Papier: Zeigt, dass Kraft nicht immer Trumpf ist.

Mau-Mau: Jedes Spiel, bei dem die Jungfrau sortieren darf, ist angemessen.

BÜCHER UND GESCHICHTEN

Wunder – sieh mich nicht an von R. J. Palacio: In diesem Buch geht es um Familie, Freundschaft und die Bedeutung von Güte.

Horton hört ein Hu von Dr. Seuss: Spricht den Wunsch der Jungfrau an, nützlich zu sein.

Die Ameise und die Grille (Fabel): Auch hier gewinnt die arbeitsame Ameise!

GESUNDE LECKERBISSEN

Vollkornnudeln: Die Jungfrau braucht Sachen, die leicht verdaulich sind.

Birnensaft: Einfach und doch so ungeheuer aromatisch.

Brokkoli: Die Jungfrau neigt zu gesundem Essen – und liebt die Farbe Grün.

Die Jungfrau und ihr Stil

Einfach, sauber und ein wenig pedantisch – das ist der Stil der Jungfrau. Dein Kind soll es bequem haben, aber die Jungfrau legt auch Wert auf »schöne« Dinge. Jedes Kind macht sich mal schmutzig. Bei der Jungfrau muss der Fleck sofort weg. Auf jeden Fall wird sie immer lieber eine gute Hose oder einen Rock tragen als einen Trainingsanzug oder ein Sweatshirt.

Die Jungfrau in ihrer unmittelbaren Umgebung

Das Umfeld der Jungfrau sollte so aufgeräumt wie möglich sein. Dir ist es vielleicht nicht wichtig, ob da oder dort etwas herumliegt, aber die kleine Jungfrau bringt Unordnung aus dem Gleichgewicht. Wenn dein Jungfraukind ein Schreibaby ist, dann räume im Kinderzimmer mal gründlich auf, sodass der Raum Ruhe und Ordnung ausstrahlt. Damit hast du deine kleine Jungfrau vielleicht schon beruhigt.

Wie du die Jungfrau beruhigst

Neben einem aufgeräumten Kinderzimmer gibt es noch einen Weg, um der Jungfrau Seelenfrieden zu verschaffen: Halte sie auf Trab. Überlasse dem Baby deine Finger zum Spielen oder gib ihm seine Rassel. Wenn das Jungfraukind später von einem Nickerchen nichts mehr hören will, dann setz es vor seine Spielkiste, mit der es sich beschäftigen kann. Nur ein bisschen »Arbeit«, und schon ist die Jungfrau im Einklang mit sich und der Welt. Bereite die kleine Jungfrau schon vor dem eigentlichen Zubettgehen darauf vor, dass jetzt bald Schlafenszeit ist. Eine berechenbare Routine ist für dieses Kind wichtiger als für andere. Also halte dich nach Möglichkeit daran.

Anregungen für das Jungfraukind

Die Jungfrau achtet sehr auf Details. Es gibt eine Menge Spielzeug, das diesen Charakterzug bedient. Zum Beispiel:

- **Puzzles:** Selbst als Baby weiß die Jungfrau die komplexen Gedankengänge zu schätzen, die ein Puzzlestück an seinen richtigen Platz befördern helfen.

- **Sinnesspielzeug:** Alles, was man drehen, drücken, ziehen und kippen kann, macht der Jungfrau Spaß und fördert ihr Handgeschick.

- **Sandkasten:** Reiß deine kleine Jungfrau ruhig mal raus aus der Routine und zeig ihr, wie man sich kontrolliert schmutzig macht. Das Schaufeln und Sieben gefällt ihr. Du wirst erstaunt sein, mit welcher Ernsthaftigkeit sie ihr Eimerchen füllt. (Lies nötigenfalls nach, was zu einer sicheren Sitzung im Sandkasten beiträgt.)

Der Lernstil der Jungfrau

Sie lernt, indem sie Entscheidungen trifft, und findet viel Vergnügen am Sortieren. Später kann sich das super auswirken, wenn deine Kleine eine erstklassige Bilanzbuchhalterin wird. Als Kind musst du ihr allerdings zeigen, dass die Welt nicht immer nur schwarz oder weiß ist, sondern auch viele interessante Grautöne enthält. Gib dem Jungfraukind eine Schultafel, einen Tafelständer und Knetmasse oder Puzzles und Geschicklichkeitsspiele. Auf diese Weise förderst du seine Kreativität und seine Neigung zum Handwerklichen.

Wie du dein Jungfraukind erziehst

Ratschläge für dich als …

WIDDER

Die Jungfrau zu erziehen scheint ein Kinderspiel zu sein, vor allem nachdem du mitbekommen hast, wie sanftmütig sie ist. Das ändert sich allerdings, wenn dein Kind heranwächst. Denn dein rasanter Lebensstil eignet sich nicht für dieses Kind. Es braucht sehr viel mehr Zärtlichkeit, als du gewöhnlich zeigst. Du musst dich also in der Kunst der Stille üben, ebenso wie in der Kunst der ordentlichen Haushaltsführung. (Oder du stellst eine Haushaltshilfe ein.)

Du musst dich daran gewöhnen, die Dinge so zu handhaben, wie dein Jungfraukind es will – jedoch ohne ihm dabei das Ruder zu überlassen. Das braucht Geduld, und du weißt ja, dass das nicht gerade deine Stärke ist. Außerdem hat dieses Kind eine ganz andere Art, auf die Welt zuzugehen als du. Du magst das nicht begreifen, aber du musst der kleinen Jungfrau erlauben, scheu und zurückgezogen zu leben, bis sie mehr Vertrauen in die Menschheit hat.

Wenn es um das Aufstellen von Regeln geht, widerstehst du am besten der Versuchung, das der Jungfrau zu überlassen. Sie braucht deinen Sinn für

Unabhängigkeit und Freiheit, damit sie zu einem ausgeglichenen, durchsetzungsstarken und selbstsicheren Erwachsenen heranwächst.

STIER

Du und die Jungfrau, ihr werdet euch schnell anfreunden. Ihr schätzt es beide, euch nützlich zu fühlen, liebt alles Praktische, und eure Lieblingsbeschäftigungen decken sich weitgehend. Der Unterschied zwischen dir und dem Jungfraukind besteht vor allem darin, wie ihr euer Wohlfühl-Niveau erreicht und wie viel Zeit ihr euch selbst widmet. Du genießt es, die Sinne zu verwöhnen. Die Jungfrau dagegen fühlt sich besser, wenn sie anderen Menschen hilft, sich wohlzufühlen.

Für die Beziehung kann das gefährlich sein, vor allem wenn du das Jungfraukind für dich sorgen lässt! Das ist nicht angemessen, also hör auf, dein Kind in die andere Zimmerecke zu schicken, wo du dein Glas vergessen hast. Die Jungfrau kann sehr kritisch sein, sodass du manchmal vergisst, wer von euch beiden das Kind ist. Sollte dies der Fall sein, mach der Jungfrau klar, wer die Regeln macht, und setze sie ohne allzu viel Nachsicht durch.

Andererseits solltest du der Jungfrau erlauben, für dich kleine Aufgaben zu erledigen. Lass sie Bilder oder Knetmassefiguren anfertigen, die sie dir schenkt. Lass dir auch ihr Lieblingsspielzeug schenken. All das trägt dazu bei, das Selbstbewusstsein der kleinen Jungfrau zu stärken und ihre Geschicklichkeit zu fördern.

ZWILLINGE

Du bist zwar weit sozialer und aktiver als dein Jungfraukind, aber ihr habt trotzdem viel gemeinsam. Ihr seid beide unter der Herrschaft des Merkur geboren und habt eine Neigung zu allem, wofür er steht: Kommunikation, Denken, Koordination. Dir und der Jungfrau ist die Logistik quasi angeboren, daher werden dir die frühen Monate mit den festen Stundenplänen leichtfallen. Vermutlich funkt ihr schnell auf einer Wellenlänge.

Später allerdings könnte es zu Problemen kommen, wenn eure Art, mit der Welt in Kontakt zu treten, aufeinanderprallt. Du bist alles, nur nicht schüchtern und scheu. Die Jungfrau aber bezaubert nicht den ganzen Raum wie du. Dränge sie nicht, so zu werden wie du. Es ist wichtig, dass du ihre Art akzeptierst. Die Jungfrau hat zwar viele Freunde, aber sie ist nicht der soziale Schmetterling, den der Zwilling darstellt. Lass deiner kleinen Jungfrau die Wahl, wen sie zu ihrem engeren Kreis zählen will – vom Sandkasten bis zur Uni.

KREBS

Dein Jungfraukind lässt sich leicht versorgen. Ihr beide werdet eine gute Beziehung haben. Du bist geschickt darin, den Tag der kleinen Jungfrau zu strukturieren, ohne dass sie das Gefühl hat, nicht mehr über ihre Aktivitäten bestimmen zu können. Du verstehst es meisterlich, Kinder sein zu lassen, wie sie sind. In diesem Fall kannst du die Talente deiner kleinen Arbeitsbiene fördern, indem du ihr ihrem Alter angemessene Aufgaben im Haus zuteilst.

Bevor du jedoch an diesen Punkt kommst, musst du die erste Zeit überstehen. Das Schwierigste für dich ist zweifellos, deinem Jungfraukind die ruhige, aufgeräumte Umgebung zu bieten, in der es gedeiht. Vermutlich musst du mehr wegwerfen, als du möchtest, damit der Knirps sich in seinem Zimmer wohlfühlt. Und wundere dich nicht über die fehlende Sentimentalität der kleinen Jungfrau beim Ausmisten. Wenn es nach der Jungfrau geht, fliegt der erste Teddybär ebenso raus wie die letzte Locke von Babys Haar, wenn beides nicht mehr nützlich ist. Glücklicherweise ist sie bei Menschen weniger brutal – vor allem bei so einem liebevollen und fürsorglichen Elternteil wie dir.

LÖWE

Du wirst mit der kleinen Jungfrau glücklich, wenn du dir klarmachst, dass sie in dein Leben getreten ist, um bestimmte Dinge zu lernen, und nicht um unter deiner Fuchtel zu stehen. Das Jungfraukind hat ganz klare Vorstellungen, was es braucht, und wird dir – entweder durch Weinen und Quengeln oder durch unmissverständliche Worte – mitteilen, was du falsch machst. Du hättest ja immer gerne, dass die Leute denken, es kümmere dich nicht, was sie von dir halten. Aber dieses Kind kann dir sehr schnell das Gefühl geben, nicht zu genügen – mit einem einzigen Blick.

Es ist die Aufgabe der Jungfrau, alles genau zu studieren und dann ihre Kritik anzubringen. Zumindest glaubt dein Kind das. Solange du die Dinge nicht richtigstellst und beweist, dass dein Selbstbewusstsein nicht nur auf Prahlerei beruht, wird die Jungfrau dich weiter herausfordern. Du magst dich versucht fühlen, dieses kleine Ding mit »Gebrüll« zu erschrecken, aber das wird nicht funktionieren. Die Jungfrau ist vielleicht scheu, aber sie wird deine Fähigkeiten mit Skepsis betrachten, zumindest so lange, bis du sie unter Beweis gestellt hast.

Du bringst in diesem Kind das Beste zum Vorschein, wenn du führen kannst, ohne dich als Diktator aufzuführen. Dann bekommst du die Achtung, die dir so wichtig ist. Auf diese Weise zeigst du der Jungfrau auch, was sie braucht, um in der Welt zu bestehen – in der Kindheit und später.

JUNGFRAU

Du bist mit einem Jungfraukind natürlich glücklich, denn ihr seht die Dinge auf die gleiche Weise. Du weißt, wie du den Haushalt einrichten musst, damit die Jungfrau sich einerseits wohlfühlt und andererseits genug Anregungen erhält. Achte darauf, dass du deinem Kind nicht wirklich jeden Wunsch von den Augen abliest.

Wenn du die Stärke und Struktur nicht bieten kannst, die dein Kleines braucht, dann wird es jeden Hauch von Unsicherheit und Angst ausleben – und Weinkrämpfe bekommen, die gar nicht mehr aufhören. Stelle sicher, dass dein Vertrauen in deine Fähigkeiten als Elternteil stark und unerschütterlich ist. Wenn du nicht weißt, wie du mit einer bestimmten Situation umgehen sollst, dann stelle wie üblich Recherchen an. Frag ältere Verwandte oder Freunde, die schon Kinder haben, wenn dein Kind ohne jeden Grund zu weinen scheint.

Um Struktur und Geborgenheit zu bieten, musst du die kleine Jungfrau vielleicht öfter im Arm halten und herumtragen, als du es für nötig erachtest – oder aber du findest andere Wege, um ihr ein Gefühl von Sicherheit zu vermitteln. Am Ende wirst du sie verstehen. Brauchst nicht auch du manchmal diese Art der Zuwendung?

WAAGE

Du wirst dich wundern, wie einfach der Umgang mit der kleinen Jungfrau ist. Sie wird die kleinen Extras zu schätzen wissen, um die du das Elterndasein bereicherst. Die hübsche Kleidung, die friedvolle Umgebung – all das beruhigt dein Kind. Für die Jungfrau sind dies ganz wesentliche Erfordernisse, und du bist nicht der Mensch, der ihr diese vorenthält.

Ist dein Kleines erst einmal herangewachsen, könnte es schon eher vorkommen, dass ihr unterschiedlicher Meinung seid. Jungfraukinder müssen immer etwas zu tun haben. Du aber gibst dich eher dem »reinen Sein« hin. Obwohl es sehr angenehm sein kann, wenn die kleine Jungfrau dir anbietet, die Fernsehzeitung oder den Kaffee aus der Küche zu holen, sollte die Rollenumkehr nicht überhandnehmen.

In der Beziehung zur kleinen Jungfrau ist es lebenswichtig, die Führungsrolle zu behalten. Die Jungfrau fühlt sich verunsichert und destabilisiert, wenn du zu sanft mit ihr umgehst. Zeig der Jungfrau, wie sehr du ihre Bemühungen, dir zu helfen, schätzt. Aber zeig ihr auch, dass du da bist, um für Ordnung zu sorgen und gegen die Drachen zu kämpfen, die diese Maid so sehr fürchtet.

SKORPION

Du und die kleine Jungfrau – ihr werdet eine sehr unterhaltsame Beziehung aufbauen, an der vermutlich alle Familienmitglieder begeistert Anteil nehmen. Du weißt vermutlich längst, dass du es schätzt, dein Leben unter Kontrolle zu haben. Jetzt aber hast du ein Kind mit dem gleichen innigen Wunsch, alles zu dirigieren und zu managen!

Es wird nicht lange dauern, bis du die Oberhand über dein Baby gewinnst – natürlich auf die liebevollste Weise. Aber natürlich wäre es schade, würdest du nicht mitbekommen, was das Jungfraukind dich lehren kann! Vielleicht geht es ja nicht immer darum, so tief wie möglich aus dem Quell der Gefühle zu schöpfen, vor allem nicht mit diesem Kind: Möglicherweise leidet es ja gar nicht unter der Bemerkung der Tante über seine Frisur oder sein Lieblings-T-Shirt, sondern schreit einfach nur, weil du die Windeln wechseln sollst!

In gewisser Weise schaut die Jungfrau gerne zu, wie du dich windest. Also pass auf, dass dir solche Kleinigkeiten nicht den Geduldsfaden reißen lassen oder dein Selbstbewusstsein untergraben. Gib der kleinen Jungfrau ein wenig von deiner Beharrlichkeit und deinem unbedingten Glauben an deine Fähigkeiten mit auf den Weg – und schon wird dieses Kind zum gleichen Kraftwerk wie du!

SCHÜTZE

Du wirst hingerissen sein, wenn dein Jungfraukind erst auf der Welt ist, denn da scheint von Anfang an alles zu stimmen. Sobald du dich aber an dein neues Leben mit Kind gewöhnt hast, stellen die Dinge sich vermutlich anders dar. Deine Jungfrau ist vielleicht nicht immer so glücklich und unbekümmert wie du!

Es ist wirklich wichtig, dass du der kleinen Jungfrau von Anfang an einen dicht gewebten Mantel der Sicherheit umwirfst. Statt das Kleine an dein Rennrad zu schnallen, damit du für den nächsten Wettbewerb trainieren kannst, musst du vielleicht lernen, stillzusitzen und dein Kind einfach nur im Arm zu halten. Schließlich muss die Jungfrau lernen, dir zu vertrauen, und das wird einige Zeit dauern. Also verlier nicht die Geduld, wenn dein Kleines Angst vor dem Badewasser hat oder vor dem Verkehr oder vor einem nahenden Hund. Betrachte es vielmehr als deine Mission, die Ängste dieses Kleinkinds zu lindern.

Wenn du das geschafft hast und die kleine Jungfrau versteht, dass es weniger zu fürchten gibt, als sie denkt, könnt ihr zusammen ein paar von den wilden Dingen unternehmen, die du so sehr schätzt. Bis es so weit ist, musst du einen Gang runterschalten und auf das Jungfraukind warten. Vielleicht macht es auch dir Spaß, innezuhalten und an den Rosen zu schnuppern.

STEINBOCK

Du liebst das Jungfraukind noch mehr, als du dachtest! Ihr habt so vieles gemeinsam, und auch wenn es einige Probleme mit dem Thema »Kontrolle« hat, wird es sich doch gerne deinen unbestreitbaren Führungsqualitäten unterordnen. Wären alle Eltern von Jungfraukindern wie du, besäßen die Jungfrauen mehr Selbstachtung.

Auf deine ganz besondere Art gibst du der kleinen Jungfrau alles mit, was sie braucht, um in der Welt zu bestehen. Deiner ruhigen und kompetenten Führung vertraut sich die Jungfrau gerne an. Gleichzeitig ermutigt dies dein Kind, selbst ein starkes Rückgrat zu entwickeln, neben dem Glauben, den es braucht, um auch jene Ziele zu erreichen, die ein klein bisschen höher gesteckt sind.

Hin und wieder allerdings wird auch die Jungfrau rebellisch. So wie du glaubt dieses Kind, genau zu wissen, was jeder Mensch wann tun sollte. Bis dein Kind ein verantwortungsbewusster Erwachsener ist, musst du dafür sorgen, dass es sich der Wirklichkeit anpasst und Autoritäten akzeptiert, selbst wenn deren Methoden nicht annähernd so sinnvoll erscheinen wie die Ideen deiner klugen, praktischen und doch recht kontrollversessenen kleinen Jungfrau.

WASSERMANN

Du und dein Jungfraubaby, ihr habt von Anfang an gewisse Schwierigkeiten miteinander. Du fragst dich, was dieses Kind wohl noch braucht, hast du ihm doch alles gegeben, was deiner Ansicht nach nötig ist: Nahrung, Obdach, Kleidung und immerhin ein *bisschen* Zuneigung. Vermutlich ist genau dies das Problem: Das Kind braucht mehr Knuddeln und mehr Bestätigung. Die Jungfrau kommt mit dem Glauben zur Welt, sie wüsste, was zu tun ist, damit alles richtig läuft. Aber sie ist eben auch sehr schüchtern und ängstlich, wenn es darum geht, den althergebrachten Dingen zu vertrauen.

Die Jungfrau wird selbstsicherer und manchmal sogar hämisch, wenn sie merkt, dass das, was du tust, nicht zielführend ist. Solange die kleine Jungfrau kein »Hier und Jetzt« sehen kann, in dem deine Regeln Anwendung finden, sind sie in ihren Augen Unsinn. Die Kleine muss lernen, dass das Leben aus mehr besteht als dem ständigen Versuch, die Bedürfnisse anderer zu befriedigen – und dafür bist du genau der richtige Lehrer.

Du solltest die kleine Jungfrau so bald wie möglich in den Dienst an der Gemeinschaft einführen. Vorher kannst du ihr ja immerhin Geschichten vorlesen, in denen der Einsatz für andere Großes bewirkt. Die Jungfrau liebt es, wenn sie helfen kann. Aber es braucht einen Visionär wie dich, damit sie ihren Kopf hebt und aus der Tretmühle herauskommt.

FISCHE

Du vergötterst deine kleine Jungfrau, vielleicht sogar ein wenig zu sehr! Du schaffst es mühelos, ein friedliches und fürsorgliches Umfeld für dieses nervöse Kind zu schaffen, aber an deinem Organisationstalent musst du noch arbeiten! Die Jungfrau braucht für alles und jedes eine feste Zeit und nach Möglichkeit keine oder nur geringe Veränderungen an diesem Stundenplan. Deine lockere Art macht dieses Kind unsicher. In dem Fall wird es viel weinen.

Natürlich kannst du nicht ändern, wer du bist, nicht einmal für dein Kind. Aber es macht Sinn, dein Leben besser zu strukturieren. Halte dich an die Uhr, an den Kalender und an das, was in einer Situation jeweils getan werden muss. Sobald dein Jungfraukind sicher sein kann, dass alles so geschieht wie geplant, wird es viel weniger schreien, und du hast weniger schlaflose Nächte.

Profitieren wird es vor allem von deiner Fähigkeit, die harte, kalte Wirklichkeit hinter dir zu lassen und in die Welt der Magie und Fantasie einzutauchen. Trotz eurer Weltsicht, die unterschiedlicher nicht sein könnte, werdet ihr beste Freunde fürs Leben – sofern du ihr ein Gefühl von Sicherheit gibst, durch das die Jungfrau weiß, dass du sie immer in die richtige Richtung führen wirst.

7

Waage:

der friedliebende, kluge Romantiker

GEBURTSTAG: 24. September bis 23. Oktober
HERRSCHENDER PLANET: Venus – die künstlerische, gerechtigkeitsliebende Seite
ERHÖHTER PLANET: Saturn
FARBE: Zartgrün, Rosa, Schwarz
SCHUTZSTEINE: Opal, Wassermelonenturmalin

Diese kleine Schönheit kommt zur Erntezeit zu dir. Die Waage ist ein Luftzeichen, und weil mit ihr der Herbst beginnt, gehört sie zu den Kardinalzeichen. Das heißt, dass die Waage Abwechslung und Dynamik liebt. Die kleine Waage hat ein höchst aktives Geistesleben. Dinge in Angriff zu nehmen liebt sie am meisten. Die Waage wünscht sich vollkommenes Gleichgewicht, Frieden, Harmonie und Schönheit. Das Waagekind hat einen natürlichen Charme, sodass jeder gerne mit ihm zusammen ist. Es ist ruhiger als das Durchschnittskind und lächelt gerne. Denn die Waage macht andere Menschen gerne glücklich.

Das Waagekind macht ständig Bestandsaufnahme. Es hinterfragt jeden Kuss von dir, weil es wissen will, ob er so ernst gemeint war wie der letzte. Die kleine Waage schätzt ab, inwieweit du sie akzeptierst. Dann passt sie ihr Verhalten so lange an, bis sie das Gefühl hat, alles richtig zu machen. Das Waagekind fühlt sich nur dann sicher, wenn es innig geliebt wird. Daher ist es sehr anhänglich und wünscht sich deine Gesellschaft, wenn nicht ständig, so doch zumindest sehr häufig.

Wer unter diesem Zeichen geboren wurde, ist ein Denker und nicht unbedingt praktisch begabt. Die Waage will die Welt schöner machen, und dabei geht es ihr nicht nur um die dem Auge sichtbare Schönheit, sondern auch um die Schönheit der Gefühle. Dieses Kind kommt mit der Welt nur zurecht, wenn Frieden herrscht, denn es ist viel sensibler, als du glaubst. Laute Geräusche, Feindseligkeit oder gar (Gott bewahre!) ein Streit in der Familie, und dein Kind ist in Tränen aufgelöst. Du solltest diese Neigung kennen, deinem Kleinen aber auch beibringen, dass nicht immer alles perfekt sein kann. Lass es hin und wieder ruhig weinen, damit es die Kunst der Selbsttröstung erlernt. Schenk ihm ein Stofftier zum Knuddeln, einen weichen tierischen »Freund«, der bei der kleinen Waage bleiben kann, wenn du keine Zeit hast, sie in den Armen zu halten.

Talente und Neigungen

DIE SCHÖNEN KÜNSTE

Da die kleine Waage die Welt »verschönern« will, besteht meist ein Talent für die schönen Künste, sei es nun das Schreiben, das Malen oder der Tanz. Lass sie ihre Gefühle ausdrücken, zum Beispiel durch das Malen mit Fingerfarben oder durch Stepptanz auf dem häuslichen Fliesenboden. Am Ende aber braucht die Waage professionellen Unterricht, da diese Kinder nur selten über eine hohe Eigenmotivation verfügen.

SPRACHE

Die Waage lernt schon früh sprechen, wodurch ihre Intelligenz und ihr Wunsch, mit anderen in Kontakt zu treten, zum Ausdruck kommen. Es gibt keinen »richtigen« Zeitpunkt, um mit dem Vorlesen anzufangen, aber bei der Waage dürfte er früher liegen als bei anderen Kindern. Wenn du kein Wiegenlied singen kannst, dann lies dem klugen Kleinen Gedichte vor. Die Schönheit dieser Texte wird die Waage tief beeindrucken, sodass sie früher oder später selbst in die Bücherei gehen wird.

STRATEGIESPIELE

Was an der friedlichen kleinen Waage ein wenig paradox erscheint, ist ihr Geschick bei Spielen. Sie verinnerlicht die Regeln schnell und entwirft Strategien, wie sie gewinnen kann. Die Waage sieht in jeder Situation immer deren zwei Seiten, und obwohl sie lauten Streit verabscheut, kann sie recht gewinnorientiert sein, wenn es um geistige Herausforderungen geht. Wenn du ihr bald Brettspiele zeigst oder sie gar im Kinder-Schachclub anmeldest, kannst du diese Seite an ihr fördern.

Herausforderungen

Das Waagekind wirkt ziemlich »pflegeleicht«, vor allem als Kleinkind. Dieses unglaubliche Talent, dieses Potenzial – da wird das kleine, kunstbegabte Kind doch ganz sicher zum großen Anwalt, Dichter oder Militärstrategen heranwachsen? Eher nicht, vor allem wenn du dem Kleinen nichts abverlangst und keine Grenzen setzt. Wie die meisten Menschen wird die Waage gerne gelobt. Sie will Genuss und Zuneigung. Vorzugsweise aber sucht sie nach Möglichkeiten, wie sie ungeliebter Arbeit aus dem Weg gehen kann! Wenn sie ihrer Leidenschaft fürs Fingermalen oder Tanzen frönt, ist sie vollkommen darin versunken und zeigt Leistungen, die du dir nicht zu träumen gewagt hättest. Doch wenn die Waage so langweilige Grundlagen wie das Schuhebinden oder Uhrenlesen lernen soll, wird sie verzweifelt versuchen, diese zu umgehen und einen »leichteren« Weg zu finden. Vermutlich war der Erfinder des Klettverschlusses eine Waage. Je alltäglicher eine Aufgabe ist, desto schwerer tut sich die Waage damit. Würde sie nur die Hälfte der Energie, die sie dafür aufbietet, Anforderungen aus dem Weg zu gehen, in diese Arbeit stecken, dann ließen sich allerlei tränenreiche Streitereien vermeiden. Lass dich von der Waage nicht erweichen: Sie muss lernen, Führung zu akzeptieren, und zwar *deine*.

Disziplin

Kaum vorstellbar, dass dieses kleine, anmutige Geschöpf etwas falsch machen kann, aber lass dich davon nicht täuschen. Wenn du willst, dass deine kleine Waage ein glücklicher Mensch wird, muss sie lernen, mit der Welt zurechtzukommen. Meistens kommt es zu Problemen, wenn die Waage etwas überstürzt – zum Beispiel, wenn sie unbedingt etwas haben und anfassen will, weil es einfach zu schön ist! Aber auch zu teuer, um in Scherben zu gehen. Wenn es zu einer Auseinandersetzung kommt, wirst du erstaunt feststellen, wie geschickt deine Waage sich um deine logischen Argumente herumschwindelt.

Wenn du ihr zeigen möchtest, dass du mit etwas nicht einverstanden bist, solltest du die kleine Waage von deinen Aktivitäten ausschließen. Für die Eltern von Waagekindern erweist sich das Time-out im Kinderstuhl oder auf dem Zimmer als der beste Freund. Die Waage darf erst wieder mitmachen, wenn sie sich entschuldigt hat und ein anderes Verhalten an den Tag legt. Bleib fest, aber ohne zu schreien – denn damit würdest du nur einen noch lauteren Zusammenbruch auslösen.

Was deine Waage am liebsten mag

LIEDER UND ABZÄHLREIME

Superkalifragilistischexpialigetisch aus Mary Poppins: Für die Waage sind solche Zungenbrecher ein Genuss.

Brüderchen, komm tanz mit mir: Die Waage ist gerne Teil einer Zweisamkeit.

Bunt sind schon die Wälder: Das Lied zum Herbstanfang, das die Farben der Natur zur Waagezeit schildert.

FILME

Maleficent – Die dunkle Fee: Die Waage wird diese Neufassung von Schneewittchen lieben.

Oben: Diese wunderbare Geschichte über Liebe und die Suche nach einem Seelengefährten in Freundschaft und Abenteuer wird deine Waage begeistern.

Cinderella: Vom Aschenputtel zur Prinzessin. Diese Geschichte regt die Waage zum Träumen an. Du kannst mit ihr besprechen, worum es dabei eigentlich geht.

SPIELE

Backe, backe Kuchen: Damit kannst du der kleinen Waage das Kochen beibringen.

Verkleiden: Die Waage liebt nichts mehr, als unterschiedliche Outfits auszuprobieren. Ganz zu schweigen vom Make-up!

Kissenschlacht: Die Waage braucht einen sicheren Weg, um ihrem inneren Krieger Ausdruck zu verleihen.

BÜCHER UND GESCHICHTEN

Die Schildkröte und der Hase: Eine Lektion über den Wert von Geduld.

Sterntaler: Das Mädchen, das alles verschenkt, um dann reich beschenkt zu werden, war vermutlich eine Waage.

Harold und die Zauberkreide von Crockett Johnson: Eine Ode an die Macht der Fantasie.

GESUNDE LECKERBISSEN

Rote Bete: Gemüse verkleidet als süßes und farbiges Futter.

Cranberrysaft: Ist gut für Nieren und Blase der Waage.

Huhn: Nahrhaft, einfach und unglaublich vielseitig!

Achtung! Die Waage ist kein großer Esser, liebt aber alles, was ihrer Natur entspricht: süß und schön.

Die Waage und ihr Stil

Elegant, einfach, aber unverwechselbar – das ist der Stil der Waage. Sie sieht am besten aus, wenn sie in klare Farben gewandet ist. Keine auffälligen Muster, Farben, die sich beißen, oder Rüschen, Volants, Fransen und Ähnliches.

Die Waage in ihrer unmittelbaren Umgebung

Was Dekor und Ausstattung angeht, will die Waage eines nicht sehen: Kuddelmuddel. Der Raum sollte einfach eingerichtet sein und klare Linien aufweisen. Höchstens ein oder zwei Farben. Die Waage schläft gut ein, wenn man ihr ein Wiegenlied vorspielt. Helle Lichter und laute Nachbarn verträgt sie nicht.

Wie du die Waage beruhigst

Fängt die kleine Waage zu weinen an, dann stimmt etwas nicht – zumindest aus Sicht dieses Kindes! Die Waage weint nie einfach so. Und am meisten leidet sie unter Einsamkeit. Diese sanften Kinder bekommen normalerweise keine Koliken, sie sind auch nicht reizbar. Am besten nimmst du dein Kind in den Arm und trägst es ein wenig herum, um es zu beruhigen. Aber sei möglichst sanft dabei! *Hoppe, hoppe Reiter* versteht die kleine Waage falsch. Sie interpretiert das Auf und Ab als Strafe.

Sollte die Waage Hilfe beim Einschlafen brauchen (vielleicht weil du nicht da sein kannst und einen Babysitter hast), dann vergiss nicht, dass man die Waage am einfachsten mit Worten beruhigt. Das gilt auch für ältere Kinder, denen man beibringen will, sich selbst zu beruhigen. Also funktionieren Lieder – oder ein Hörbuch – wunderbar, wenn du die kleine Waage in den Schlaf wiegen oder sie ganz allgemein beruhigen möchtest.

Anregungen für das Waagekind

Die Waage langweilt sich schnell, also musst du immer Ideen für aufregende Aktivitäten bereit haben. Zum Beispiel:

- **Bauklötzchen:** So lernt die Waage, das Gleichgewicht zu halten.
- **Hörbücher:** Die Waage wird sich ständig fragen, wann »der Mensch da drin« herauskommt.
- **Altersgerechter Künstlerbedarf:** Die Waage will schon als Kind schöne Dinge schaffen.

Der Lernstil der Waage

Am meisten lernt die Waage, wenn man ihr sagt, was sie tun soll. Die Waage hat ein gutes visuelles Gedächtnis, aber auch Logik sagt ihr zu. Sobald die kleine Waage zur Schule geht, braucht sie einen ruhigen Raum und Struktur im Tagesablauf. Eine Schule, die eher dahingehend ausgerichtet

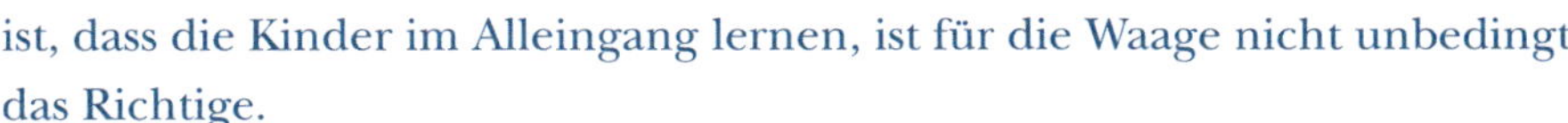

ist, dass die Kinder im Alleingang lernen, ist für die Waage nicht unbedingt das Richtige.

Wie du dein Waagekind erziehst

Ratschläge für dich als …

WIDDER

Du und die Waage, ihr seid vollkommen konträr. Das solltest du von Anfang an im Hinterkopf behalten. Die Waage betrachtet ihre Position als grundsätzlich höher. Das Kind bewundert vielleicht deine Körperkraft und deinen Mut, ebenso wie deine Güte. Doch es versteht einfach nicht, wieso du dich nicht mehr für das Intellektuelle interessierst und ganz im Sport aufzugehen scheinst. Die Waage ist durchaus wettbewerbsorientiert: Wenn ihr das gleiche Spiel spielt, dann wird sie dich in den Ring fordern. Also gib ihr den Raum und die Erlaubnis, anders zu sein als du. Dann wirst du bald feststellen, dass dieses Kind doch so sein möchte wie du.

Wutausbrüche kann die Waage nicht verkraften. Dieses Kind braucht von Anfang an Ruhe und Frieden. Keinesfalls solltest du mit dem Kleinen im Arm laute oder brutale Filme angucken, und auch allzu grobe Spiele solltet ihr lieber vermeiden. Die Waage kann so stark und furchtlos werden wie du, aber das muss sie wirklich erst lernen. Also verabreiche ihr die Action in minimalen Dosen.

STIER

Du und dein Waagekind, ihr habt denselben herrschenden Planeten: die Venus. Allerdings lebt ihr dies ganz unterschiedlich aus. Die Waage ist nicht annähernd so aufs Sinnliche und Materielle konzentriert wie du. Sie findet Völlerei abstoßend und deine Lust an materiellen Dingen unkultiviert. Das

soll aber nicht heißen, dass die Waage nicht gerne Geld ausgibt! Das durchschnittliche Waagekind entscheidet sich immer für das Teuerste, egal ob es um Kleidung, Spielsachen oder Hobbys geht. Du solltest deiner kleinen Waage also beibringen, dass Geld erst erarbeitet werden muss. Das, was du als Faulheit der Waage betrachtest, kann dich in den Wahnsinn treiben. Aber vielleicht solltest du lernen, dass es Zeit braucht, sich auf Schönheit einzulassen und seiner wahren Leidenschaft zu frönen.

Die Waage wird dir dankbar sein, dass du ihr materielles Leben sicherst. Sie wird es zu schätzen wissen, dass du an einer Aufgabe dranbleibst, bis du sie abgeschlossen hast. Du solltest deinem Waagekind vorleben, was du von ihm erwartest, dann färbt deine Tatkraft ganz sicher ab. Aber du solltest ihm auch zeigen, dass Geld nicht alles ist. Andererseits ist es das, was deiner kleinen Waage all die Dinge verschaffen kann, die sie sich wünscht!

ZWILLINGE

Wenn du mit der Waage in Kontakt kommst, wirst du das Gefühl haben, endlich deinen besten Freund gefunden zu haben. Sie fängt früh an zu sprechen, und du verstehst sie auch immer. Ihr seid schließlich beide Luftzeichen. Aber pass auf, dass du aus dem Waagekind keinen kleinen Erwachsenen machst. Jeder Mensch verdient es, Kind sein zu dürfen, und die Waage liebt es, verwöhnt und geknuddelt zu werden, mehr als du jedenfalls. Also schenk ihr die körperliche Nähe, die ein kleines Kind braucht – und die euer Band erst richtig festigt. Schnall dir die kleine Waage nicht auf den Rücken. Setz sie nicht dauernd in den Musikstuhl für Kinder. Halte sie einfach im Arm und betrachte sie, während du innig Augenkontakt hältst.

Die Waage wird dich bewundern und deine Witze schätzen. Ihr beide mögt Wortspiele und lustige Lieder. Der einzige Punkt, an dem du nachlegen könntest, ist die Disziplin. Die Waage scheint zwar anspruchslos und sanft, aber wenn du ihr die Möglichkeit gibst, wird sie dich um den Finger wickeln. Klug wie sie ist, wird sie dir Sand in die Augen streuen, wenn du es am wenigsten erwartest. Und das schon in jungen Jahren! Also bleib wachsam und begegne diesen Bemühungen mit Geschick. Dann kannst du diesem Kind zeigen, wer der Schlauere ist, und musst dich dafür nicht mal anstrengen.

KREBS

Die anmutige Art der Waage wird gleich dein Herz erobern. Dein Kind wird es zu schätzen wissen, dass du versuchst, als Elternteil (quasi) perfekt zu sein. Du bist extrem sensibel, was die Zuneigung anderer Menschen angeht, also mach dir klar, dass die Waage nie so gefühlvoll sein wird wie du. Die Waage drückt Nähe und Innigkeit selten klar aus, aber wenn dieses schöne Kind dir sanft über die Wange streicht, wirst du dahinschmelzen und Tränen der Freude vergießen.

Die Waage bewundert an dir deine Fähigkeiten im Haushalt und deine emotionale Intelligenz, aber du solltest nicht erwarten, dass dieses Kind diese Talente widerspiegelt. Die Waage ist sehr anhänglich. Sie möchte, dass du jede ihrer neuen Erfahrungen, alle neuen Wörter und natürlich auch jedes Unbehagen mitbekommst! Wenn sie etwas umwirft, wenn etwas aufgewischt oder aufgeräumt werden muss, ist sich die Waage sicher, dass du das besser in Ordnung bringen kannst als sie – und dass du es deshalb auch machen solltest. Um dieses zauberhaft raffinierte Kind nicht zu einem unerbittlichen hilflosen Diktator zu machen, solltest du der kleinen Waage von Anfang an beibringen, dass sie ihre Spielsachen forträumen und ihre Kleidung sauber halten muss. Sie braucht einfach klare Regeln.

LÖWE

Du wirst auf das kleine Waagekind unheimlich stolz sein. So süß, so winzig, so angenehm und liebevoll – fast scheint es, als sei das Kind der Inbegriff all deiner elterlichen Wünsche. Was du noch nicht weißt: Es wird ein schönes Stück Arbeit werden, die kleine Waage deinen Vorstellungen entsprechend zu einem starken und selbstständigen Menschen zu erziehen.

Die Waage hat immer Probleme, Entscheidungen zu treffen, und obwohl das Kind ständig irgendetwas Neues anfängt, wird die Fortsetzung selten zu deiner Zufriedenheit ausfallen. Die Waage braucht deine Fähigkeit zur Konzentration. Du kannst sie schulen, indem du eine Geschichte vom Anfang bis zum Ende vorliest, und nicht zwischendrin etwas Neues anfängst. Dein Wunsch, in diesem Kind das Beste zum Vorschein zu bringen, fördert seine Talente in den bildenden Künsten, dem Tanz, dem Theater und der Musik. Aber natürlich möchtest du auch, dass dein Kind mehr Eigenverantwortung zeigt. Das kannst du schon bewerkstelligen, wenn dein Kind noch in den Kindergarten geht. Lege zum Beispiel feste Schlafenszeiten fest. Wenn du dann das Geschrei ein paarmal über dich ergehen lässt (innerhalb vernünftiger Grenzen), lernt die Waage auch, wie sie sich selbst beruhigen kann. Je öfter du klare Grenzen setzt, desto besser ist die Waage auf das wirkliche Leben vorbereitet.

JUNGFRAU

Du schaust deiner kleinen Waage ja so gerne zu. Aber du wirst lernen müssen, dass du bei diesem kleinen, aber durchaus sturen Kind mit deiner Konzentration aufs Detail nicht weiterkommst. Das Lebensziel der Waage ist es, alles so zu lassen, wie es ist. In vielen Fällen heißt das leider: so wenig Arbeit wie nur irgend möglich. Du wirst auf die Schliche des Kleinen nicht so leicht hereinfallen, denn Faulheit ist etwas, womit du gar nicht klarkommst. Trotz des gelegentlichen Frusts musst du eines zugeben: Du hast das verblüffendste, talentierteste und bewundernswerteste Kind in der ganzen Umgebung.

Du und die Waage – ihr versteht euch nicht immer. Du schätzt das Praktische, die Waage liebt die Schönheit. Deine Vorstellung vom Kinderzimmer mit desinfizierten Betttüchern und reinweißen Wänden ist für dieses Kind viel zu steril. Ein oder zwei elegante und völlig überflüssige Dinge, seien es nun eine farbig gestrichene Wand oder ein paar hübsche Spielsachen, die über dem Bettchen baumeln, sind für dein Waagekind unverzichtbar. Nimm es mit ins Museum, zeig ihm Bilder und rege so seine kreativen Talente an. Auch sanfte Musik im Hintergrund wird dein Kind lieben. Du lernst von der kleinen Waage ebenso viel, wie du ihr beibringst. Zum Beispiel: Arbeit auch mal Arbeit sein zu lassen und sich über einen Rosenbusch zu beugen, um daran zu schnuppern.

WAAGE

Ist es nicht aufregend, dieses Baby im Arm zu halten, mit seinem zauberhaften Lächeln, dem sanften Blick und der entwaffnenden Natur – ganz genau wie du! Du schmunzelst und schüttelst den Kopf, wenn du der kleinen Waage beim Wachsen zusiehst. Sie wird dich mit ihrem scheuen Lächeln bezaubern. Aber du weißt natürlich besser als das Kind, was wirklich vorgeht.

Die Waage sucht immer nach dem einfachsten Weg, etwas zu erledigen, wie du sehr gut weißt. Diesem Kind ein verantwortungsbewusster Elternteil zu sein ist für dich eine Herausforderung. Kannst du wirklich vorleben, dass harte Arbeit der schnellste Weg ist, um zu bekommen, was man will? Du hast vermutlich gelitten, während du diese Lektion gelernt hast. Also solltest du sie deinem Kind so schnell wie möglich beibringen. Statt der kleinen Waage auf dem Thron alles vor die Füße zu legen, musst du sie anhalten zu krabbeln, zu kriechen und zu rollen, wenn sie das Gewünschte haben möchte. Wie du sehr gut weißt, wird sich die Waage erst dann bemühen, etwas zu tun, wenn sie am Ende eine dicke Belohnung erwartet. Das kann ein Lieblingsstofftier sein, aber auch ein Beißring oder eine Leckerei, die der kleine Feinschmecker liebt.

SKORPION

Die Schönheit und der Charme deiner kleinen Waage stehen für all die Gründe, derentwegen du ein eigenes Kind haben wolltest. Die Waage wird dein schützendes Naturell schätzen, aber nur bis zu einem gewissen Grad. Du genießt, wie das Waagekind dir zu gefallen sucht. Wenn du ein wenig Witz anwendest, kannst du das Bedürfnis der Waage nach Liebe und Akzeptanz erzieherisch nutzen.

Nur wenige Eltern können Missbilligung allein mit einem Blick ausdrücken. Du beherrschst das. Aber sei vorsichtig, denn die Vorstellung, dein Wohlwollen verloren zu haben, führt dazu, dass die kleine Waage große Angst vor dir bekommt. Diesen erzieherischen Blick solltest du dir aufsparen für jene Momente, in denen die Waage dich auszutricksen versucht oder in echter Gefahr schwebt. Bei allen anderen Gelegenheiten probierst du es besser auf andere Weise: Tu so, als wäre dein Kind nicht da, wenn es unerwünschtes Verhalten an den Tag legt. So gibst du ein Signal, welches das Kind versteht, und lässt es gleichzeitig wissen, dass man sich nicht einfach über dich hinwegsetzen kann. Die Waage mag es zwar nicht, wenn du dich einmischst, aber sie will doch das Gefühl haben, dass du da bist, um auf sie achtzugeben, sie zu beschützen und positiv zu bestärken. Ermutige die kleine Waage, ihren klugen Kopf zur Lösung von Rätseln einzusetzen: von einfachen Sortierspielen bis hin zu großflächigen Puzzles auf dem Boden des Kinderzimmers.

SCHÜTZE

Deine kleine Waage im Arm zu halten macht dich überglücklich – aber sei vorsichtig mit diesem kleinen Bündel! Du wirst einige Zeit brauchen, um dich an die ruhige und zurückhaltende Art dieses Kindes zu gewöhnen. Im Gegensatz zu dir bewegt es sich nur, wenn es hochmotiviert ist. Aber du kannst dich auf spannende Gespräche freuen. Sicher, anfangs wirst du dich auf wenige Silben beschränken müssen, sodass du lernen musst, deinem wunderbaren neuen Hausgenossen mit nonverbalen Mitteln zu kommunizieren, was du für richtig hältst. Mach ein Spiel daraus, dann habt ihr beide viel zu lachen.

Die reizende kleine Waage sieht ja ganz harmlos aus, aber du solltest von Anfang an wissen, dass dieses Kind dir etwas voraushat. Denn deine vertrauensvolle, liebe und nachsichtige Art der Elternschaft ist genau das, was Baby-

Waage sich erhofft! Wenn du ihr keine Grenzen setzt, wickelt sie dich um den kleinen Finger. Sicher, bei dieser Vorstellung zuckst du erst mal zusammen, aber wenn du bei diesem Kind keine klaren Regeln einführst, bekommst du schnell Ärger – und du tust der Mini-Waage damit keinen Gefallen. Gib ihr zu verstehen, dass du die Gesetze machst, dann wirst du auch immer ihr bester Freund sein.

STEINBOCK

Arme kleine Waage! Die Süße hat ja keine Ahnung, was in dieser Eltern-Kind-Beziehung auf sie zukommt. Natürlich liebst auch du dein Neugeborenes, aber du bist nun mal ein Freund fester Strukturen und bestehst auf einem Benehmen, das es der Waage von vornherein schwer macht, dich zu bezaubern.

Es ist jedoch wichtig, deine Führungsqualitäten mit Liebe und Bewunderung abzufedern. Eine gute Möglichkeit, der Waage deinen Standpunkt zu erklären, ist es, die Unterscheidung zwischen richtig und falsch zu einem Spiel zu machen. Belohne das Waagekind mit einem Lächeln und drolligen Lauten, sodass du es zum Kichern bringst. Gib dagegen (leise) Sirenentöne von dir, wenn es etwas tut, was gefährlich oder lästig ist. Strenge Vorwürfe und ein abrupter Stimmungsumschwung machen der kleinen Waage Angst. Sie will ja unbedingt Harmonie und wird daher jede Konfrontation vermeiden. Also mach klar, was du von deinem Kind erwartest, aber verlier dabei nicht deinen Sinn für Humor. Während du dem Waagekind den Sinn von Grenzen und harter Arbeit beibringst, ist es seinerseits schlau genug, dich auch mal zum Blödeln anzuregen – und so lernst du ganz nebenbei den therapeutischen Wert des Lachens.

WASSERMANN

Die winzigen Zehen und die duftende Haut deines Waagebabys bestätigen nur, was du ohnehin schon dachtest: Du hast das wunderbarste Kind überhaupt! Aber bevor du dich noch mehr in Selbstzufriedenheit ergehst, solltest du wissen, dass es ebenso viel Arbeit wie Spiel erfordert, die kleine Waage zu erziehen. Vergiss nicht: Sie ist zwar klug, aber sie hat das Recht, einfach »nur Kind« zu sein, zumindest im ersten Jahr. Vermutlich machen sich zuerst ihre künstlerischen und zwischenmenschlichen Talente bemerkbar. Der kluge Kopf kommt ein bisschen später. Du und dieses Kind, ihr seid Seelengefährten. Aber zuerst musst du das Vertrauen der kleinen Waage gewinnen und ihr zeigen, was Konzentration ist.

Die kleine Waage braucht das Wissen, dass du gut auf sie achtgibst, sei es nun beim Füttern oder beim Windelwechseln. Dabei fällt es dir wirklich nicht leicht, dich auf die alltäglichen (mitunter unangenehmen) Aufgaben zu konzentrieren, die mit der Erziehung eines Kleinkinds verbunden sind. Aber genau das ist nun deine Aufgabe. Damit dieses Kind sich sicher fühlt, musst du ihm zeigen, dass du wirklich »immer da« bist. Wenn es heranwächst, werdet ihr vermutlich gute Freunde. Aber bis dahin solltest du dein Bestes tun, um der Waage zu beweisen, dass du ihr Vertrauen und ihre Loyalität verdienst.

FISCHE

Dieser kleine Mensch erscheint dir in jeder Hinsicht schön. Du spürst die zartbesaitete Seele der Waage und wirst dein Bestes tun, um sie vor allen emotionalen Narben zu bewahren. Beide mögt ihr weder laute Geräusche noch störendes Verhalten. Ihr lebt in eurer eigenen kleinen Welt, und die Waage wird über die Fantasiewelten, die du im Kinderzimmer und überall sonst erschaffst, überaus glücklich sein.

Doch gerade wenn du über eine zarte Seele wie diese wachst, musst du dir der wirklichen Welt bewusst sein. Das Kleine wird unartige oder sogar gefährliche Dinge anstellen, nur um zu sehen, ob es wirklich deine ganze Aufmerksamkeit hat. Vor diesem Hintergrund ist es natürlich wichtig, dass du lernst, mit dem Kopf dabeizubleiben. So lernt die kleine Waage Selbstachtung, denn sie weiß, dass sie sich auf dich als Erwachsenen verlassen kann. Bring deinem Kleinen bei, dass das Leben auch eine spirituelle Seite hat. Zum Beispiel, indem du ihm Geschichten vorliest, die von Magie und gottgleicher Schönheit handeln. Du machst deinem Kind ein großes Geschenk, wenn du ihm zeigst, dass das Vertrauen in etwas, das größer ist als wir selbst, unsere kostbarste Gabe ist.

8

Skorpion:

Stille Wasser sind tief

GEBURTSTAG: 24. Oktober bis 22. November

HERRSCHENDER PLANET: Mars – der nächtliche, ninja-gleiche Krieger

ERHÖHTER PLANET: Keiner. Die Kraft des Skorpions reicht so tief, dass Mars der einzige Planet ist, der damit zurechtkommt.

FARBE: Schwarz und Violett

SCHUTZSTEINE: Topas, Obsidian

Das Kind mit dem intensiven Blick und der Ausstrahlung von Überlegenheit ist nicht umsonst unter dem Zeichen des Skorpions zur Welt gekommen. Zu dieser Zeit zieht die Erde sich von der Erntedankfeier zurück, um ihre Energie zu bewahren, sodass sie im Frühling neues Leben hervorbringen kann. Der Skorpion ist ein Wasserzeichen und ein fixes Zeichen. Dein Skorpionkind wird also höchst emotional sein und darauf bestehen, dass man die Welt nur so und nicht anders sehen kann. Das heißt nicht, dass es nicht intelligent ist – ganz im Gegenteil. Aber wenn du mit seinem EQ (emotionalem IQ) mithalten möchtest, wird dieses Kind dir schnell deine Grenzen aufzeigen.

Der Skorpion verarbeitet alles, was er sieht, hört oder fühlt. Du hast es vielleicht nicht so gemeint, als du sagtest: »Du bist dafür noch zu klein.« Aber der Skorpion hat das ganz anders empfunden. Von nun an wird er dir zeigen, wie »groß« er schon ist, und das mit einer Entschlossenheit, die dich überraschen wird. Gleichzeitig findet er heraus, wie er von dir bekommt, was er will, ohne offen darum bitten zu müssen. Dieses besitzergreifende, hoch konzentrierte Kind wird nach Möglichkeiten suchen, dir ein Schnippchen zu schlagen. Und wenn du nicht sehr auf der Hut bist, wird ihm das gelingen, ohne dass du es merkst.

Die körperlichen Bedürfnisse des Skorpionkindes zu erfüllen ist weiter nicht schwierig. Wenn du es nur regelmäßig versorgst, wird es nicht quengeln. Wenn es Probleme mit dem Skorpionkind gibt, hat dies häufig mit dem Windelwechseln zu tun. Da der Kleine gerne alles unter Kontrolle hat, braucht er viel Privatsphäre. Du solltest das im Gedächtnis behalten und locker mit diesem Teil des Lebens umgehen. Der Skorpion ist willensstark und unglaublich stur, selbst als Baby. Du weißt vielleicht nicht immer, was du mit deinem Skorpion anfangen sollst, aber du wirst bemerken, dass er wie kein anderer deine empfindlichen Stellen entdeckt.

Talente und Neigungen

WISSENSCHAFT

Der Skorpion ist immer auf der Suche nach Antworten. Er will wissen, wie die Welt funktioniert – wie die verschiedenen Steine heißen, wie sie zusammengesetzt sind, was die Tiere und Pflanzen voneinander unterscheidet. Dein Kind wird sich intensiv mit der Welt auseinandersetzen, sie als gigantisches Puzzle betrachten, dem nur noch ein einziges Teil fehlt … und natürlich wird der Skorpion es liefern!

SPRACHE

Der Skorpion spart gewöhnlich mit Worten, aber er will lernen, wie er jene Gefühle ausdrücken kann, die er von Anfang an so intensiv empfindet. Vielleicht fangen die ersten Sätze dieses Kindes ja an mit: »Ich fühle …« Das sind die Momente, die dir kostbar sein sollten. Denn wenn der Skorpion älter wird, wird er immer weniger preisgeben, was in dieser dunklen, geheimnisvollen Sphäre der Gefühle vorgeht.

MUSIK

Es kann gut sein, dass sich der Skorpion leicht in der Welt der Musik verliert. All diese verborgenen Emotionen brauchen ein gesundes Ventil – und was wäre dafür besser geeignet als Musik? Der Skorpion wird eher zum Geiger, zum Cellisten oder Kontrabassisten als zum Gitarrensolisten. Achte einfach darauf, welches Instrument deinem kleinen Skorpion am besten gefällt, und lass ihn dieses erlernen.

Herausforderungen

Niemand wird je behaupten, dass die Erziehung eines Skorpionkindes einfach ist. Diese Kleinen sind etwas Besonderes. Sie brauchen mehr Liebe und Aufmerksamkeit, als du dir vorstellen kannst. Sie wirken stark und können eigennützig erscheinen, aber beim kleinsten Zeichen von Missfallen deinerseits sind sie am Boden zerstört. Andererseits musst du dir die Achtung des Skorpions verdienen. Du darfst dich keinesfalls darauf einlassen, vor dem Kleinen einen Bückling zu machen. Der Skorpion weiß immer ganz genau, wie die Regeln lauten. Wenn er sie verletzt, dann eher, um die Grenzen auszutesten, und nicht aus Vergesslichkeit oder Impulsivität.

Du solltest die Fähigkeit deines kleinen Skorpions, bei einem Blickduell durchzuhalten, keinesfalls unterschätzen. Er wird auch unerbittlich um sein Lieblingsspielzeug oder ein wenig mehr Zeit auf dem Spielplatz kämpfen. Stell dir den Skorpion wie einen Ninjakrieger vor, der schnell und unerbittlich zuschlägt, aber nie zum offenen Kampf antritt. Er tut vielleicht so, als mache er, was du dir vorstellst. In Wirklichkeit aber ignoriert er deine Wünsche vollkommen oder erfindet eine glänzende Geschichte, unter deren Deckmantel er tun kann, was er will. Das hört sich nach Teenager an, aber beim Skorpion kannst du solche Tricks schon viel früher erwarten. Also bleib wachsam, auch um den Skorpion nötigenfalls vor Gefahr zu schützen. Die süße Vierjährige mag behaupten, sie lege sich hin, in Wirklichkeit aber will sie die Straße oder den Swimmingpool im Garten erkunden. Mit diesem Kind brauchst du auch hinten Augen.

Disziplin

Eine offene Konfrontation mit dem Skorpion kannst du nicht gewinnen, denn er lässt dich einfach nicht. Du kannst auch nicht die gleiche Strafe wieder und wieder verhängen, denn der Skorpion gewöhnt sich daran, und dadurch verliert sie an Schärfe und Wirksamkeit. Wenn du den Skorpion disziplinarisch in die Schranken weisen musst, dann musst du dir etwas einfallen lassen.

Wenn dein Zweijähriger dein Auto mit Fingerfarben verziert hat, solltest du überlegen, worauf er sich am meisten freut: die Fahrt in den Streichelzoo, den Trip zum Naturkundemuseum oder den Besuch bei Oma bzw. bei seinem Spielkameraden?

Der Skorpion schätzt es, wenn die Dinge nach Plan laufen. Er kann sich nicht vorstellen, dass du etwas so Wichtiges ausfallen lässt, nur weil er deine Regeln nicht eingehalten hat. Aber wenn du verhindern willst, dass dieses Kind über dein ganzes Leben bestimmt und dabei einige deiner kostbarsten Besitztümer verwüstet, dann musst du unmissverständlich klarmachen, wer hier der Herr im Haus ist – und etwas ausfallen zu lassen, woran sein Herz hängt, ist ein guter Weg dorthin. Dein kleiner Skorpion ist klug, aber wenn du wirklich hart bleibst, wird er es sich das nächste Mal genau überlegen, ob er wieder etwas heimlich macht oder sich gar an dir rächt!

Was dein Skorpion am liebsten mag

LIEDER UND ABZÄHLREIME

Fünf kleine Entchen: Bereitet den Skorpion auf die Zeit vor, in der er das Nest verlässt.

Bär ging über den Berg: Die Geschichte dieses tapferen Bären wird dem Skorpion gefallen.

Die Vogelhochzeit: Bei dem wissenschaftlichen Interesse, das der Skorpion schon früh zeigt, wird er sich für all die Vogelarten interessieren.

FILME

Ich – einfach unverbesserlich: Der Skorpion lernt, dass es nicht immer gut ist, die Oberhand zu behalten.

Die Monster AG: Diese charmante Geschichte über die Überwindung der Furcht vor »schrecklichen« Geschöpfen fördert den Mut des kleinen Skorpions.

Hotel Transsilvanien: Die scheinbar gespenstischen Figuren in diesem Gruselhotel werden den Skorpion stundenlang zum Lachen bringen.

SPIELE

Seven up: Dass er erraten muss, wer das »Es« in diesem Spiel war, befriedigt die Forschernatur des Skorpions.

Himmel und Hölle: Hier kann der Skorpion sowohl seine sozialen Fähigkeiten als auch seine körperliche Geschicklichkeit üben.

Verstecken: Mit dem sechsten Sinn des Skorpions ist die versteckte Person bald gefunden.

BÜCHER UND GESCHICHTEN

Das Zeiträtsel von Madeleine l'Engle: Der Skorpion liebt es, die Geheimnisse des Universums zu erkunden.

Der rote Wolf von F. K. Waechter: Eine Geschichte um Liebe und Tod, die die tiefen Gefühle des Skorpions anspricht.

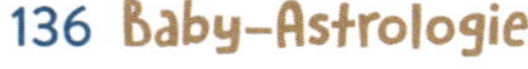

Harry Potter und der Stein der Weisen von J. K. Rowling: Es wird dem Skorpion gefallen, dass auch Erwachsene dieses Buch lesen.

GESUNDE LECKERBISSEN

Joghurt: Probiotika unterstützen den Skorpion mit seiner mitunter schwachen Konstitution.

Traubensaft: Die tiefpurpurne Farbe zieht den Skorpion an wie Licht die Motten.

Avocado: Der Skorpion weiß die samtige Beschaffenheit des Fleisches zu schätzen und profitiert von den Inhaltsstoffen.

Der Skorpion und sein Stil

Es mag dir merkwürdig erscheinen, aber dein Kind mag dunkle Farben lieber als die klassischen Pastelltöne, an die man gewöhnlich bei Babys denkt. Gut, es wäre schon seltsam, wenn du dein Kind in eine schwarze Windelhose mit passender schwarzer Mütze kleiden würdest, aber wenn der Skorpion die Wahl hätte, würde er sich vermutlich für genau diese Kombination entscheiden!

Der Skorpion in seiner unmittelbaren Umgebung

Es mag seltsam klingen, weil so viele Kinder ständig die Aufmerksamkeit ihrer Eltern einfordern, aber damit der Skorpion glücklich sein kann, braucht er die Möglichkeit, allein und für sich zu sein, natürlich auf sichere Art und Weise. Er genießt ruhige, dunkle Orte, daher solltest du darauf achten, dass die Fenster und Jalousien gut schließen, und ihm etwas zum Kuscheln mit ins Bettchen legen. Eine aus der Ferne überwachte Privatsphäre ist auch später wichtig, damit sich der Skorpion kreativ und spirituell entwickeln kann.

Wie du den Skorpion beruhigst

Die Gefühle des kleinen Skorpions reichen tief, und wenn er weint, scheint er gar nicht mehr aufhören zu können. Das zerrt an den Nerven der Eltern, auch wenn es nur ums Windelwechseln oder seine Mahlzeit geht. Der Skorpion hat manchmal Probleme mit der Verdauung, wobei auch der Harntrakt in Mitleidenschaft gezogen werden kann. Das sind beim Skorpion die körperlichen Schwachstellen. Wenn dein Kind sich nicht bald beruhigt, solltest du nachsehen. Der Skorpion weint nicht, um dich in sein Zimmer zu locken. Gibt es keine erkennbaren Ursachen, weint der kleine Skorpion vielleicht aus emotionalen Gründen. Nimm ihn in den Arm, bis er davon überzeugt ist, dass du ihn von ganzem Herzen und für immer und ewig liebst.

Anregungen für das Skorpionkind

Der kleine Skorpion liebt alle Spiele, die in irgendeiner Form eine Herausforderung darstellen. Zum Beispiel:

- **Puppenhaus oder Action-Sets:** Der Skorpion wird faszinierende Geschichten und Charaktere erfinden.
- **Spielzeug-Sandsack:** So wird der kleine Skorpion aufgestaute Frustration wieder los.
- **Musikinstrumente:** Auch wenn dein kleiner Skorpion kein Yo-Yo Ma wird, ist ein Musikinstrument für ihn die beste Therapie.

Der Lernstil des Skorpions

Der Skorpion nimmt Informationen mit der Geschwindigkeit eines Staubsaugers auf. Wenn ihn etwas neugierig macht, müssen genügend Informationsquellen vorhanden sein, denn er wird buchstäblich jeden Stein umdrehen, um Antworten zu finden. Für die Schule heißt das, dass dein Kind verständnisvolle Lehrer braucht, die seine Fragen nicht als lästig empfinden. Der Lernstoff sollte anschaulich präsentiert werden, denn wenn der Skorpion keine Anregungen findet, fallen seine Noten schnell ab.

Wie du dein Skorpionkind erziehst

Ratschläge für dich als …

WIDDER

Du hältst dich vielleicht für stark und unbesiegbar, aber nun hast du deinen Meister gefunden! Dein kleiner Skorpion, so niedlich er aussieht, wird dich auf eine Weise herausfordern, wie du es nie für möglich gehalten hättest. Dein Kind ist fast nur im Reich der Gefühle unterwegs, und wie die aussehen, ist nicht immer ganz klar. Du hast vielleicht Schwierigkeiten herauszufinden, was deinem Kleinen fehlt, wenn es weint. Außerdem können deine hektischen Bewegungen oder Aktivitätsschübe dieses sensible Kind nervös machen.

Wenn du dann versuchst, »Superpapa« oder »Supermami« zu werden, indem du die Windeln blitzartig wechselst und das Kind sofort fütterst, machst du die Dinge nur schlimmer. Du wirst mit dem kleinen Skorpion Kompromisse schließen müssen, damit er nicht mehr das Gefühl hat, dass das Leben zu schnell an ihm vorbeirauscht. Wenn du absolut keinen Draht zum Skorpionknirps findest, konzentriere dich auf jene Punkte, die ihr gemeinsam habt: die Nähe zum wilden, raubeinigen Planeten Mars! Schaut euch gemeinsam kichernd eine Slapstick-Komödie an oder veranstaltet einen Wettbewerb im Armdrücken, wobei du den Kleinen natürlich (überzeugend) gewinnen lässt.

STIER

Du und das Skorpionkind, ihr habt mehr gemein, als du vielleicht denkst, auch wenn du das nicht gleich merkst. Das Kleine ist ein stilles, tiefes Wasser, weil es wirklich alles auf der Ebene der Gefühle verarbeitet. In den ersten Jahren ist der Skorpion vielleicht überempfindlich und weint viel. Es ist deine Aufgabe, für ihn ein Umfeld zu schaffen, in dem er sich sicher und gut aufgehoben fühlt.

Wenn der kleine Skorpion später seine Persönlichkeit ausdrückt, wirst du merken, dass dieses Kind fast so standhaft – oder wie deine Freunde und Angehörigen sagen würden: »stur« – ist wie du. Du hättest gerne, dass das Kleine den Brokkoli isst. Aber wenn ihm nicht danach ist, hast du damit keine Chance! Nur Mut. Wenn jemand den Skorpion überzeugen kann, etwas zu tun, was er nicht auf der Agenda hatte, dann bist du das! Aus diesem Grund solltest du immer im Hinterkopf behalten, dass der Skorpion alles langsam verarbeitet. Er hasst Veränderungen und muss wissen, was als Nächstes auf ihn zukommt. Kommt dir das irgendwie bekannt vor? Natürlich, denn dein Skorpionkind ist in vielen Dingen genau wie du!

ZWILLINGE

Du machst dir vermutlich Sorgen, wie du es schaffen sollst, eine Beziehung zu dem kleinen Skorpion aufzubauen. Natürlich liebst du dein Kind, aber du fragst dich, wie ihr kommunizieren sollt. Der Skorpion ist der wortkarge Schweiger, während du … alles bist, aber nicht stumm! Dieser Unterschied macht sich von Anfang an bemerkbar. Denn der kleine Skorpion schätzt es ganz und gar nicht, dass du dauernd redest, wie es deine Gewohnheit ist.

Also musst du dir eine andere Möglichkeit suchen, mit dem Kind in Verbindung zu treten. Augenkontakt, sanfte Berührungen, eine liebevolle Miene – auf diese Dinge wird das Kleine reagieren. Mach dir klar, dass Geräusche in den Ohren des Skorpions deutlich lauter klingen als in den deinen. Die Sensibilität dieses Kindes zeigt dir, dass es nicht immer angebracht ist, »sich auszusprechen«.

Während dein Skorpionkind heranwächst, musst du lernen, deine Autorität durchzusetzen. Ihr könnt zwar Freunde sein, aber du musst klarmachen, dass du der Elternteil bist. Tust du das nicht, wird der kleine Skorpion dir bald auf der Nase herumtanzen – und so sollte es natürlich nicht sein.

KREBS

Dein winziges Skorpionbaby ist noch hinreißender, als du gehofft hast. Dieses Kind ist genauso sensibel wie du, ja vielleicht noch mehr. Ihr findet schnell einen Draht zueinander, aber du musst wirklich sehr vorsichtig sein. Der Skorpion ähnelt dir in vieler Hinsicht, aber an diesem Kind ist mehr dran, als man auf den ersten Blick zu sehen bekommt.

Der Skorpion hat eine tiefgründige und verschlossene Persönlichkeit, und da du leicht verletzbar bist, solltest du das wissen. Dieses Kind wird dir nicht bereitwillig alles erzählen. Du musst schon deine Intuition bemühen, um herauszufinden, was vorgeht – egal ob dein Skorpion nun als Kleinkind wegen einer schmerzhaften Mittelohrentzündung weint oder aber später in der Highschool erschüttert nach Hause kommt, weil ihm sein Date für den Abschlussball abgesagt hat. Der Skorpion möchte, dass du errätst, was nicht stimmt, gleichzeitig will er aber, dass du damit falschliegst! Ja, der Skorpion legt viel Wert auf seine Privatsphäre. Das kann für dich verwirrend sein, und dabei werden nicht selten auch deine Gefühle verletzt.

Natürlich wärst du gerne die Person, die dem Skorpion am nächsten steht, aber dieses Privileg wird dir nicht immer gewährt. Dein Skorpionkind wünscht sich eine gesunde elterliche Distanz von dir. Du bist für ihn die verlässliche Autorität, die über ihn wacht, nicht sein bester Freund.

LÖWE

Dein Skorpionkind wird mit dir gut zurechtkommen, weil es dich von Anfang an bezaubert. Ja, genau. Wenn du glaubst, dieses Kind sei weniger schlau als du, dann gerätst du in Schwierigkeiten. Die Bewunderung in den Augen deines Kleinen zu sehen ist großartig. Aber rede dir bloß nicht ein, dass das Leben mit diesem Kind leicht sein wird.

Du verstehst das Temperament deines Kindes, weil ihr beide sehr entschlossene Charaktere seid. Die Sturheit, die der kleine Skorpion an den Tag legt, ist allerdings schwerer zu überwinden als deine Neigung zur Unnachgiebigkeit.

Der Skorpion strebt in jeder Hinsicht nach Perfektion, und wenn er bei dir nichts dergleichen entdeckt, gibt es Probleme. Meist ist das Leben mit deinem kleinen Skorpion angenehm, aber er wird dich auch vor Herausforderungen stellen. Er wird dich immer wieder testen, weil er wissen will, ob du den Respekt, den du einforderst, auch verdienst. Natürlich werden deine Integrität, deine Ehrlichkeit und dein Ehrgeiz die Erwartungen des Skorpions übersteigen. Dann wird sich dein Kind hundertprozentig auf dich verlassen und zu einem verantwortungsbewussten und erfolgreichen Bürger heranwachsen.

JUNGFRAU

Das Skorpionkind ist lieb und ruhig. Du wirst begeistert sein, weil es so positiv auf deine Versuche reagiert, den Tag zu strukturieren. Der Skorpion liebt einen regelmäßigen Tagesablauf und berechenbare Projekte. Außerdem habt ihr beide ein gemeinsames Ziel – ihr strebt nach Spitzenleistungen, möglichst nach Perfektion. Das wird dir bei der Erziehung dieses Kindes Freude bereiten, vor allem wenn die pflegeaufwendigen ersten Monate vorüber sind.

Allerdings seid ihr euch nicht immer einig, was euch interessiert! Während du Hygiene und Sauberkeit brauchst, fasst dieses ungeheuer neugierige Kind ohne Bedenken alles an, was es zu erforschen gedenkt. Du bist wahrscheinlich entsetzt, wenn es dir seine kleine Hand entgegenstreckt und du darin einen toten Vogel oder Fisch erblickst! Du solltest dieses Entsetzen aber möglichst nicht zeigen. Manchmal tut der Skorpion so etwas nur, um dich zu schockieren. Wenn du erkennen lässt, wie leicht du aus der Fassung gerätst, wird es dir schwerfallen, jene sinnvolle Eltern-Kind-Beziehung einzugehen, die der kleine Skorpion braucht.

WAAGE

Dein kleiner Skorpion ist für dich ein wahrer Schatz. Auch wenn du das manchmal nicht ganz glauben kannst, habt ihr vieles gemeinsam. Der Skorpion ist zwar weniger an Schönheit interessiert, aber ihr seid beide zutiefst neugierig und braucht eine Menge intellektueller Anregungen.

Dieses Kind wird dich vor geistige Herausforderungen stellen, aber das Problem ist vermutlich: Wie sehr du dich auch anstrengen magst, seine Fragen durchdacht zu beantworten, erwartet der Skorpion von dir doch etwas ganz anderes. Dieses Kind ist unglaublich emotional und will, dass du ihm im Laufe eurer Beziehung auf dieser Ebene begegnest.

Die gefühlvolle Natur des Skorpions bleibt dir oft ein Rätsel, aber du lässt die Dinge am besten so, wie sie sind. Dein Kind braucht deine starke und unerschütterliche Logik in seiner Kindheit. Dein Gefühl für Fairness und deine Fähigkeit, immer beide Seiten der Medaille zu sehen, helfen dem Skorpion aus seiner einseitigen Sicht der Dinge. Du solltest mit dem kleinen Skorpion über Fairness reden, ihn aber gleichzeitig wissen lassen, dass du auf seiner Seite stehst. Das ist ganz wesentlich!

SKORPION

Deine Freunde und Verwandten werden lachen, wenn sie hören, dass dein Kind auch Skorpion ist! Sie haben ja keine Ahnung, wie glücklich dich das macht. Endlich hast du jemanden im Haus, der ebenso wie du nach Wegen sucht, um möglichst überall Bestmarken zu erreichen. Die Erziehung dieses Kindes wird auf jeden Fall spannend. Wenn du schon einmal erlebt hast, wie zwei Skorpione um denselben Platz kämpfen, dann wird dir klar, weshalb das so ist.

Dein Skorpion versteht jedes emotionale Signal, das du aussendest. Daher solltest du dir immer sicher sein, wie deine Gefühle gerade aussehen, denn dein Kleines kann das spüren. Ihr werdet die klassischen Terrainkämpfe haben: Wer blinzelt als Erster? Ich kann dir nur raten: Nimm vorher Augentropfen!

Du wirst mit deinem kleinen Skorpion gut umgehen können, wenn du bestimmte Dinge tust: einen regelmäßigen Tagesablauf festlegen, klare Grenzen setzen und emotionale Unterstützung geben, die wirklich von Herzen kommt. So zeigst du deinem Kind, dass man dem anderen sein Herz öffnen kann, ohne dass dieser darauf herumtrampelt. Für dein kluges, einfühlsames und charmantes Mini-Ich ist dies das größte Geschenk.

SCHÜTZE

Der Austausch zwischen dir und dem Skorpionkind wird zweifellos interessant werden. Du wirst sofort feststellen, dass es ganz anders ist als du. Der Skorpion ist ängstlich und zurückhaltend, du aber trägst dein Herz auf der Zunge.

Beide seid ihr intellektuell ausgesprochen begabt, aber ihr habt unterschiedliche Arten, Wissen anzusammeln. Während du die Flügel spreizt und durch die Welt fliegst, wird der Skorpion in jede Nische, jeden Winkel gucken, um Antworten zu finden. Daher findet er diese Antworten oft zu Hause. Obwohl ihr diese grundlegenden Fähigkeiten nicht zugunsten des anderen aufgebt, wird euer gegenseitiger Umgang miteinander für jeden von euch lehrreich sein.

Nur die Stimmungen des Skorpions können mitunter schwierig werden. Dein Kind wird nicht verstehen, wieso du immer so fröhlich bist, und es wird eine Weile dauern, bis es ebenfalls die Vorstellung gewinnt, dass die Welt ein heller, sonniger und hoffnungsfroher Ort ist. Wenn du deinem kleinen Skorpion dies vermitteln kannst, wird er es dir eines Tages danken.

STEINBOCK

Dein Skorpionknirps erscheint unglaublich ruhig und anspruchslos. Doch weil du Menschen so gut durchschaust, weißt du ganz genau, was er tun wird, um dich um den Finger zu wickeln. Im Laufe der Zeit werdet ihr eine von Liebe und Respekt getragene Eltern-Kind-Beziehung entwickeln. Anfangs allerdings mag es Schwierigkeiten geben, vor allem für dein Kind.

Der Skorpion ist eine harte Nuss. Er wird mit aller Macht versuchen, dir deine Autorität abzuknöpfen. Doch auf deine ruhige, nüchterne und bestimmte

Art gibst du diesem Kind genau das, was es am meisten braucht – eine starke und unerschütterliche Führung inklusive Regeln, die den kleinen Skorpion anregen, immer höher zu springen, um sein Ziel zu erreichen: von dir Liebe und Bestätigung zu bekommen.

Anfangs wird der Skorpion vielleicht frustriert sein. Hilf ihm ruhig ein bisschen, während er lernt, selbstständig zu werden. Dann wird er sich noch mehr bemühen. Am Ende aber musst du dem Skorpion erlauben, sein Ziel aus eigener Kraft zu erreichen. Wenn du das tust, wird dein Kind wissen, dass du einer der liebevollsten und stärksten Lehrer bist, die es sich nur wünschen kann.

WASSERMANN

Das Skorpionkind fühlt sich recht robust an, wenn du es im Arm hältst. Du bist natürlich stolz darauf, aber auch ein wenig nervös. Wie der kleine Skorpion dich mustert, ist leicht irritierend. Hinter diesen Augen tobt ein Meer der Gefühle, und Gefühle kommen dir eher fremd und … ein wenig furchteinflößend vor.

Während du lernst, dieses Kind zu versorgen, kannst du dir nicht helfen: Du spürst, wie du dich aus der von dir bevorzugten intellektuellen Welt entfernst, damit du dich mit dem Skorpion auf halbem Weg treffen kannst, der seinerseits alles dafür tun wird, um sich einen Weg in dein Herz zu erkämpfen.

Während der Skorpion dich lehrt, dich emotional zu öffnen, musst du deinem Kind zeigen, wieso es über seine unmittelbaren Wünsche hinausdenken soll. Das Skorpionkind entwickelt sich leicht zum Egozentriker. Unter deiner Führung aber kann das Kind zu einem Menschen heranwachsen, der entschlossen ist, die Welt zu verändern.

FISCHE

Du und der Skorpion, ihr habt eine gemeinsame Sprache. Ihr wisst einfach, wie der andere sich fühlt. Gerade aus diesem Grund darfst du nicht aus dem Gleichgewicht geraten, oder nur sehr selten. Dein kleiner Skorpion weiß dei-

ne emotionalen, ja beinahe übersinnlichen Fähigkeiten zu schätzen, doch er braucht auch eine stabile Umgebung. Ohne diese wird sich das Kind in der Welt nicht zurechtfinden.

Dabei musst du Mittel und Wege finden, um nicht nur die Liebe des kleinen Skorpions zu erobern, sondern auch seinen Respekt. Das ist selbstverständlich nicht leicht, aber es kann klappen! Du musst Grenzen setzen, was dir persönlich widerspricht, doch in diesem Fall ist es unverzichtbar. Versuche, ein gesundes Gleichgewicht zu halten: Nimm dir Zeit für dich selbst, doch sei auch da, wenn der Skorpion realistische Gründe für sein Weinen hat. Du merkst an den Tönen, die dein Kind von sich gibt, ob es dringlich ist oder nicht. Zentriere dich durch Meditation und/oder Gebet. Und so gerne du dem Skorpion freie Hand lassen möchtest: Setz ihm Grenzen und halte daran fest. Das ist die beste Art von Liebe, die du deinem Kleinen geben kannst.

9

Schütze:

dein Sonnenschein

GEBURTSTAG: 24. November bis 23. Dezember
HERRSCHENDER PLANET: Jupiter – die strahlende, sonnige Tagseite
ERHÖHTER PLANET: Wird nicht gebraucht. Jupiters einnehmende Persönlichkeit füllt den ganzen Schützen aus
FARBE: Königsblau, Türkis
SCHUTZSTEINE: Türkis, Chrysokoll

Dein Schütze kommt in einer Zeit zur Welt, in der sich die meisten Leute auf die Winterferien freuen. Ist dies vielleicht der Grund, warum dieses Kind die meiste Zeit so gut drauf ist? Der Schütze ist ein Feuerzeichen, aber eine verfeinerte Art des Feuers – eine Art elektrischer Energie also. Er ist auch ein veränderliches Zeichen – sein Symbol ist der Kentaur, der seinen Bogen gen Himmel richtet. Dein kleiner Schütze weiß also, wie man Dinge ins Visier nimmt. So erreicht er hohe Ziele an fernen Orten. Du wirst vermutlich bald feststellen, dass dein Schützekind nicht gerne stillsitzt!

Dein Schützebaby fuchtelt mit Ärmchen und Beinchen herum, nur um all diese Energie aus seinem System herauszubekommen. Dein Kind ist eine possierliche Persönlichkeit – wie ein Welpe, der nicht weiß, was er tun soll, und deshalb macht, was ihm gerade einfällt, wodurch er Liebe und Zuneigung verströmt. Dein Kleines wird aber nicht immer leicht zu erziehen sein. Zu den seltsamsten Zeiten entladen sich seine euphorischen Gefühle – manchmal auch an eher peinlichen Orten.

Lass dich von dem koboldhaften Schützen nicht zu der Annahme verleiten, er sei nicht klug. Wissen zu erwerben ist dem Schützen mindestens genauso wichtig wie herumzutollen. Wenn dein Kind groß ist, will es an ferne Orte reisen, allerdings nur, wenn es dabei etwas Neues erfährt. Und selbst wenn es noch keine Stempel im Pass hat, wird das Schützekind sich für die Kulturen der Welt interessieren.

Der kleine Schütze ist ein wahrer Entdecker. Daher musst du die Wohnung früher als geplant kindersicher machen. Der Schütze hat einen lebhaften Verstand und vergisst deshalb mitunter, dass dieser in einem physischen Körper steckt. Sichere also alle Treppen mit einem Gitter und verschließe Steckdosen mit Kindersicherungen, sonst wird dieses höchst lebhafte und neugierige Kind irgendwann mit der Stricknadel reinstochern.

Talente und Neigungen

LAUFEN

Der kleine Schütze hat starke Beine, daher ist er pfeilschnell! Mit ihm zu laufen oder ihn sogar ein richtiges Lauftraining absolvieren zu lassen könnte sich als sinnvoll erweisen. Dann lernt er nicht nur, »richtig« zu laufen, sondern wird vielleicht sogar ein großer Sportler.

SPRACHE

Der Schütze hat gerne Spaß. Wenn du ihm also erste Worte beibringen willst, mach ein Spiel daraus. Da er auch humorvoll ist, lehre ihn lustige Wörter. Der Schütze wird versuchen, dich zu imitieren, was euch beiden so manchen herzhaften Lacher beschert. Außerdem will er wissen, wie alles im Haus richtig heißt. Es spart Zeit, wenn du darauf vorbereitet bist!

COMEDY

Der kleine Schütze hat Sinn für Humor. Er bringt dich sogar unabsichtlich zum Lachen. Auch sein Timing ist unerreicht. Dass er dazu noch hochgradig intelligent ist, führt dazu, dass du ständig auf dem Quivive sein musst. Der Kleine macht Witze, die so mancher Erwachsene nicht versteht. Pass auf, was deine Wortwahl angeht, sonst bekommst du ungebührliche Dinge vielleicht im unpassendsten Moment zu hören!

Herausforderungen

Das Leben mit dem Schützen ist meist sehr schön. Wenn an diesem witzigen, glücklichen Kind etwas Probleme bereitet, dann die Tatsache, dass er seine Sachen in der ganzen Wohnung verstreut. Du kannst versuchen, dem

Schützen sinnvolle Organisation beizubringen, aber leicht wird das nicht. Der Kopf des Schützen ist schneller als sein Körper. Für das normale Schützekind ist der Haufen Zeug mitten im Zimmer auch eine Art … Organisation! Wie kann man von einem Kind erwarten, dass es die Dinge an den richtigen Ort legt, wo doch immer und überall so viele Abenteuer warten?

Gibt es eine Möglichkeit, mit dem Tee aus der kindersicheren Nuckeltasse den Teppich zu verzieren? Du denkst vielleicht, das geht nicht, aber dein kleiner Schütze wird sie finden. Er mag über auf dem Boden liegende Kleidungsstücke stolpern, trotzdem vergisst er, dass es so etwas wie einen Wäschekorb gibt. Das hört sich nicht weiter schlimm an – wenn du nicht damit leben musst. Wenn du erst einmal sündteure Tablets oder MP3-Player auf dem überfluteten Badezimmerboden liegen siehst, dann schrillen die Alarmglocken vielleicht auch bei dir. Doch es ist ganz entscheidend, dass du in solchen Situationen nicht die Geduld verlierst. Der Schütze wird selten wütend, aber er wird sich zu verteidigen wissen, wenn man ihn deshalb maßregelt.

Disziplin

Um den Schützen im Zaum zu halten, musst du ihm erklären, was geht und was nicht. Aber du musst dies auf eine Art tun, die das Beste in diesem wilden Kind hervorbringt und seine mitunter animalischen Instinkte nicht schwächt, denn diese sind für den Schützen enorm wichtig.

Der Schütze ist klug. Es gibt also keinen Grund, weshalb er nicht lernen könnte, vorsichtig zu sein, wenn man ihm die Gefährlichkeit vernünftig erklärt. Läuft er zu weit weg, musst du seinen Auslauf entsprechend begrenzen. Wenn der Schütze den Boden des Kinderzimmers zum Abfalleimer umfunktioniert, den du irgendwann leeren sollst, dann nimm ihm die Dinge weg, die er dort verstreut hat, und erkläre ihm, wie er sie zurückbekommen kann – entweder indem er für dich kleine Aufgaben erledigt (den Müll rausbringen) oder du ihm ein bisschen was vom Taschengeld abziehst. Es wird seine Zeit dauern. Du lehrst, der Schütze lernt – irgendwann.

Was dein Schütze am liebsten mag

LIEDER UND ABZÄHLREIME

Eine ganz neue Welt: Der Ritt auf einem magischen Teppich wird diesem abenteuerlustigen Kind Spaß machen.

Brüderchen, komm tanz mit mir: Hier lernt der Schütze eine gute Körperkoordination.

Hakuna Matata: »Kein Problem« – das ist der Lieblingsspruch des Schützen.

FILME

Findet Dorie: Dieser Film zeigt den Wert von Abenteuer und Beharrlichkeit, aber auch die wichtige Rolle der Eltern.

Trolls: Ein schöner Film über liebenswerte Trolle, die zu einer Mission voller Abenteuer aufbrechen, um ihre Freunde zu retten.

Pets: Der Schütze wird dieses fantasievolle Abenteuer genießen.

SPIELE

Ich sehe was, was du nicht siehst: Auf der nächsten Autofahrt wird sich der Wortschatz deines Lieblings enorm vergrößern.

Kickball: Bringt den Schützen in Schwung.

Eselsschwanz: Dem Esel blind einen Schwanz anzuheften spricht die animalische Natur deines Kindes an.

BÜCHER UND GESCHICHTEN

Wo die wilden Kerle wohnen von Maurice Sendak: Dieses Buch wird der Schütze noch lesen, wenn er die 30 längst überschritten hat.

Zungenbrecher: Zum Beispiel *Auf den sieben Robbenklippen sitzen sieben Robbensippen, die sich in die Rippen stippen, bis sie von den Klippen kippen*. Der Schütze liebt so etwas.

Stuart Little von E. B. White: Die Cross-Country-Abenteuer des Titelhelden faszinieren den kleinen Schützen.

GESUNDE LECKERBISSEN

Truthahn: Der herzhafte Geschmack spricht den Schützen an.

Granatapfelsaft: Süß und samtig. Mmmmmmm!

Tomatensauce: Der Schütze liebt alles, was intensiv schmeckt.

Der Schütze und sein Stil

Zieh deinem Schützekind immer Sachen an, die du waschen kannst. Da ihm nie bewusst ist, wie schmutzig man sich bei manchen Spielen machen kann, kommt er häufig voller Dreck und Speck daher. Das ist aber keine Absicht!

Es wäre nur zweckmäßig, wenn die Kleidung des kleinen Schützen strapazierfähig und trotzdem pflegeleicht ist.

Der Schütze in seiner unmittelbaren Umgebung

Lärm und Unordnung machen dem Schützekind nichts aus. Er nimmt mit einem breiten Lächeln dankbar an, was du ihm gibst. Der Schütze verausgabt sich gern, also sorgst du am besten dafür, dass er einen großen (aber dem Alter angemessenen) Sitzsack hat, auf dem er sich zwischen seinen Sprints durch die Flure ausruhen kann.

Wie du den Schützen beruhigst

Der kleine Schütze lächelt mehr als die meisten Kinder, aber auch er erlebt Momente, in denen er sich nicht wohlfühlt und deshalb weint. Lustigerweise beruhigt der Schütze sich nur durch mehr Aktivität. Dein schlafloses Schützebaby schläft ein, während du seine Arme und Beinchen bewegst oder ihn im Kinderwagen bzw. im Auto herumkutschierst. Später beruhigst du den wilden Kentaur, indem du zum Beispiel das Thema wechselst. Wenn er schreit, weil es im Restaurant keine Fischstäbchen gibt, dann lass dir Zucchinisticks bringen, die du in »Pizzasauce« dippst. Alles, was neu ist, lenkt den Schützen ganz wunderbar ab!

Anregungen für das Schützekind

Du glaubst vermutlich, der höchst aktive Schütze brauche keine Anregungen. Aber je mehr du ihm bieten kannst, umso friedlicher wird er. Wie wäre es denn damit:

- **Kindertrompete:** Der Schütze liebt es, wenn er auf sich aufmerksam machen kann. Vermutlich bist du versucht, den Raum zu verlassen, wenn er ins Horn stößt, um seine Fantasie-Heerscharen um sich zu versammeln.

- **Bälle:** Vom ersten Plüschball bis zum Fußball findet dein Schützekind alles faszinierend, was mit Werfen, Fangen und Nachlaufen zu tun hat.

- **Zielen:** Natürlich liebt der Schütze alles, was man anvisieren kann. Versuch es zuerst mit weichen Bällen, die er in einen Korb werfen muss. Später kann es dann ein Dartspiel, Bogenschießen oder Tontaubenschießen sein.

Der Lernstil des Schützen

Der Schütze lernt gerne. Er verschlingt alle Informationen, über die er stolpert. In der Schule allerdings kommt er bei den meisten Lehrern nicht so gut an. Nicht weil er sich schlecht benehmen würde. Nein, das liegt einzig an den vielen Fragen, die er stellt. Also biete deinem Schützekind außerschulische Lernabenteuer, mit denen du seinen findigen Kopf anregst.

Wie du dein Schützekind erziehst

Ratschläge für dich als …

WIDDER

Du und der Schütze, ihr seid ein großartiges Paar! Ihr seid beide lebhaft und aktiv. Dir fällt es leicht, dem Schützen all jene Aktivitäten und Anregungen zu bieten, die sein Herz begehrt. Allerdings solltest du darauf achten, dass du die intellektuelle Seite seiner Entwicklung nicht übersiehst. Du interessierst dich möglicherweise nicht für die Nistgewohnheiten der Vögel in subarktischen Breitengraden, aber dein Schütze tut das sehr wohl.

Auch musst du aufpassen, dass du den Schützen nicht zu deinem besten Freund machst. Obwohl ihr beide eure gemeinsamen Unternehmungen wirklich genießt (vor allem, wenn sie in freier Natur stattfinden), musst du den Schützen seinen eigenen Weg finden lassen. Er braucht seine Unabhängigkeit, aber auf andere Weise als du. Du willst neues Terrain erobern, der Schütze aber ist nur unterwegs, um dieses Terrain zu erkunden.

Vermittle deinem kleinen Schützen den Mut und das Selbstvertrauen, alles zu erforschen, was das Leben zu bieten hat. Aber versuche nicht, ihm vorzuschreiben, wo und wie er seine Streifzüge zu gestalten hat. Bleib offen für das, was dein Kind von sich aus entdeckt, und der kleine Schütze wird auch dir einige Abenteuer bieten.

STIER

Das fröhliche und aktive Baby, das du in den Armen hältst, wird dich vor schwierige Aufgaben stellen. Der Schütze geht das Leben ganz anders an als du. Du hütest dein Heim mit allem, was du darin gesammelt hast. Der Schütze aber will wissen, was die große, weite Welt zu bieten hat. Du musst deinem Kind also Schutz und Anleitung geben, ohne bestimmen zu wollen, was es in jeder Minute seines Tages zu tun hat.

Aber natürlich musst du auf diesen hyperaktiven Bogenschützen dennoch ein Auge haben! Die unglaubliche Neugier des Schützen kann ihn schnell in Gefahr bringen. Also mach dein Heim so früh wie möglich kindersicher und knausere nicht bei der Ausrüstung, wenn dein Kleines mit Wettkampfsportarten anfängt. Du hoffst, dass es sich dabei nicht verletzt, aber sicher sein kannst du da nicht. Vermutlich unterschätzt du die Energie des Schützekindes, weil du dir einfach nicht vorstellen kannst, dass jemand so viel Ausdauer haben kann! Trotz all dieser Schwierigkeiten bist du ungeheuer stolz auf dein Schützekind und seine Leistungen, ob du dich nun über Preise freust oder ihm von der Seitenlinie applaudierst, wenn es Tore schießt.

ZWILLINGE

Auf den ersten Blick sieht es nicht so aus, als hättest du mit dem Schützen viel gemeinsam, aber das täuscht. Denn dieses Kind teilt deinen Wesenskern – das Bedürfnis nach Freiheit. Das kann positive Auswirkungen haben, weil du begreifst, dass du den kleinen Schützen nicht bei all seinen Erfahrungen überwachen kannst. Dieses Kind verhält sich nicht anhänglich oder weinerlich, wenn du es beim Babysitter lässt oder in die Schule bringst.

Schwierig kann es werden, wenn du das Gefühl hast, dass dein Kind dir nicht nahe sein oder dir nicht zuhören will. Der Schütze interessiert sich zwar für dich, doch ihm ist wichtiger, was am anderen Ende der Welt passiert. Fremde Kulturen faszinieren ihn weit mehr als der Klatsch in der Nachbarschaft. Doch ihr beide werdet gut miteinander auskommen, vor allem wenn du den Bewegungsdrang des Schützen akzeptierst und dich ihm vielleicht sogar anschließt. Du hast dem kleinen Schützen viel zu geben. Aber er wird eher auf dich hören, wenn du seine Fragen ernst nimmst und sie sorgfältig beantwortest.

KREBS

Dieses aktive Kind windet sich in deinen Armen, wenn du es festhalten willst. Es stellt deine elterlichen Fähigkeiten auf eine harte Probe. Aber du liebst ja die Herausforderung! Der Schütze ist ganz anders als du und wird deine Grenzen ständig austesten, um zu überprüfen, ob sie noch gelten. In diesem Kind brodelt förmlich die Energie, und es wird ständig nach neuen Erfahrungen streben. Natürlich willst du dein Kind dabei unterstützen, aber du musst ihm eben auch zeigen, wie es ruhig bleiben und sich auf sozial annehmbare Weise verhalten kann.

Wenn du dem Schützen beibringen willst, wie er sich konzentrieren und zuhören kann, liest du ihm am besten Abenteuergeschichten aus fernen Ländern vor. Aber du solltest ihn auch in puncto körperliche Aktivität unterstützen, die er in hohem Maße braucht. Du kommst dem kleinen Flitzer vermutlich nicht leicht hinterher, daher solltest du dich nach einem Ort umsehen, an dem er sicher ist, wenn er allein und frei herumläuft. Der kleine Schütze braucht von Anfang an ein Ventil für seine Energie! Ihr könnt zum Beispiel in eine Eltern-Kind-Turnstunde gehen. Das wäre ein passender Anfang und würde auch dir guttun. Dein Schützekind steht nicht darauf, wenn du es drückst und knuddelst. Aber es weiß doch zu schätzen, wenn du da bist, um zu helfen und zu trösten, wenn es sich das Knie aufgeschlagen oder den Knöchel verstaucht hat.

LÖWE

Du wirst jede Minute genießen, die du mit diesem Kind verbringst! Der kleine Schütze bringt dich zum Lachen. Ihr könnt euch stundenlang Witze erzählen und miteinander kichern. Meistens ist der Schütze auch folgsam und benimmt sich so, wie du dir das vorstellst. Du strahlst eine Autorität aus, die dein kleiner Schütze instinktiv akzeptiert. Dass du das Leben genau wie er in vollen Zügen genießt, schafft ein starkes Band zwischen euch.

Dennoch ist es mitunter auch schwierig, dem Kleinen Disziplin beizubringen. Du machst das Haus zwar kindersicher, aber du musst ihm auch zeigen, dass er seiner Familie, seinen Freunden und der Gemeinschaft gegenüber Verantwortung hat und nicht nur zum eigenen Vergnügen auf der Welt ist. Doch deine Fähigkeit, das Beste in deinem Kind zum Vorschein zu bringen,

wird aus ihm einen charmanten, intelligenten und verantwortungsbewussten Erwachsenen machen. Du bist stolz auf dein Schützekind, während es dir ewig dankbar sein wird, dass du ihm nicht erlaubt hast, all seine Energie nur auf Jux und Tollerei zu verschwenden!

JUNGFRAU

Dieses lebhafte Kind fasziniert dich von Anfang an. Du staunst über die grenzenlose Energie, die der kleine Schütze an den Tag legt. Was dich aber noch mehr verblüfft, ist die Tatsache, dass er nicht zu wissen scheint, was er damit anfangen kann. Hier kannst du ihm helfen. Der kleine Bogenschütze wird einmal dankbar sein, dass er dich als Vater oder Mutter hatte. Deine organisatorischen Fähigkeiten und dein Wunsch, anderen nützlich zu sein, werden auf ihn abfärben, obwohl er sich weidlich anstrengt, deine Bemühungen zu durchkreuzen.

Aber wenn es darauf ankommt, zeigt der Schütze doch einige Ähnlichkeiten mit dir: Auch er will anderen Menschen gefallen. Das schlägt sich zwar nicht unbedingt in Begeisterung für Hausarbeiten nieder – vor allem nicht, wenn es darum geht, aufzuräumen und Dinge an ihren angestammten Platz zu legen –, aber der Schütze wird andere Möglichkeiten suchen, dir zu gefallen. Tadle ihn nicht, weil er schlampig oder unvorsichtig ist. Zeig ihm lieber, wie er langsamer machen und sich besser organisieren kann. Und lass dich von ihm inspirieren – schließlich muss man nicht immer so streng mit sich selbst sein. So könnt ihr in dieser fantastischen Zeit, die ihr zusammen habt, voneinander lernen.

WAAGE

Vom ersten Blickkontakt an hält der kleine Schütze den Schlüssel zu deinem Herzen in seinen Händchen. Schützekinder strahlen so sehr, dass man sich gar nicht vorstellen kann, sie könnten auch mal unglücklich sein. Aber natürlich musst du die Bedürfnisse des Schützen erfüllen, was vermutlich heißt, dass er dich auf Trab hält, sobald er herumkugeln, krabbeln und trapsen kann. Geistig verstehst du den Schützeknirps von Anfang an, doch eure Art des körperlichen Ausdrucks ist sehr unterschiedlich. Du brauchst schon eine Menge Motivation, um aktiv zu werden. Der Schütze dagegen hasst es, wenn er stillsitzen soll.

Das ist anstrengend, vor allem wenn das Kind noch klein ist. Der Schütze braucht Sachen, die ihn interessieren. Daher wird er dich als Entertainer betrachten, vermutlich noch bevor er sprechen kann. Du liest zwar gerne gehaltvolle Kindergeschichten vor und genießt die geistige Beweglichkeit deines Schützekindes, aber vermutlich kannst du ihm nicht alles bieten, was es haben möchte. An diesem Punkt musst du dem Kleinen beibringen, was Grenzen sind, und ihm zeigen, was passiert, wenn er sich nicht an sie hält.

SKORPION

Dieses Kind im Arm zu halten beschert dir eine ganz neue Form von Glück. Es strahlt so viel Hoffnung und Optimismus aus, dass du guter Laune bist, auch wenn die Außenwelt dir dazu gerade keinen Anlass gibt. Doch der kleine Schütze muss einige der schwierigsten Lektionen lernen, zum Beispiel, dass das Leben ihm nicht immer Grund zur Fröhlichkeit gibt.

Deine emotionale Sensibilität wird dir zugutekommen, wenn das Schützekind größer wird. Selbst wenn es nicht emotional auf dich zugeht, weißt du doch immer, wenn es mehr Aufmerksamkeit und Unterstützung oder einfach nur eine Umarmung braucht. Obwohl Emotionen den Schützen nicht weiter interessieren, ist er doch sehr herzlich. Er wird wie ein Welpe auf deinen Schoß krabbeln und dich anstupsen. Gerade wenn du glaubst, dass er dich gleich ablecken wird, kitzelt er dich, bis ihr beide lachend auf dem Boden herumrollt.

Du musst dem kleinen Schützen einen geistigen Hindernisparcours bieten, denn er soll ja sein Gehirn genauso trainieren wie seinen Körper, wenn er sein Potenzial voll ausschöpfen will. Wie üblich setzt du dazu deinen hohen EQ (emotionalen Intelligenzquotienten) ein, der dir sagt, was du dafür tun musst.

SCHÜTZE

Gratuliere! Du hast ein Kind, das mit dir das Sonnenzeichen teilt! Vermutlich werden eure Angehörigen sich eins grinsen, wenn sie euch zuschauen, wie ihr den Weg zu Entdeckungen, Wundern und Glück einschlagt, den ihr beide so schätzt. Dieses Kind wird dir deine Begeisterung fürs Leben hundertprozentig zurückspiegeln, also pass auf! Denn es kann schnell schwierig werden, den kleinen Schützen zu beruhigen. Wenn du selbst dich nicht entspannen kannst, bist du vielleicht nicht müde genug. Wenn du also das Gleiche bei deinem Schützen bemerkst, dann geh mit ihm raus zum Spielen, damit er vor dem Schlafen seine überschießende Energie loswird.

Du solltest auch darauf achten, dass du nicht jeder deiner Launen nachgibst, damit der kleine Schütze lernt, dass Disziplin und Struktur im Leben durchaus einen Sinn haben. Am liebsten wollt ihr beide miteinander spielen, aber du solltest zwischendrin auch mal aufhören, damit das Schützekind den Wert von Fleiß und Anstrengung lernt. Dann wird es jene Qualitäten entwickeln, die es braucht, um ein erfolgreiches Leben zu führen.

STEINBOCK

Du kümmerst dich gern um deinen kleinen Schützen. Dieses temperamentvolle Kind hat etwas, das du umwerfend findest. Nicht nur, weil es so voller Begeisterung ist, sondern vor allem, weil dir klar ist, dass du vor einer spannenden Herausforderung stehst. Dein Kind bewegt sich viel und begibt sich dabei nicht selten in Gefahr, ohne es auch nur zu ahnen. Daher musst du nicht nur liebevoller Elternteil sein, sondern auch Lehrer und Manager. Zeig dem Kleinen, wie es sich verhalten sollte.

Der Schütze hat nie die langfristigen Auswirkungen seines Tuns im Blick, daher gerät er als Kind immer wieder in Schwierigkeiten. An diesem Punkt solltest du eingreifen und ihm erklären, wo und warum ein bisschen Vorsicht angebracht wäre. Allerdings solltest du ihm auch mehr Luft lassen, als du vielleicht für richtig hältst, damit er durch dein Vorbild lernen kann, natürlich immer innerhalb der Grenzen des Vertretbaren. Deine Beharrlichkeit und emotionale Ausgeglichenheit sind für die Entwicklung des Schützekindes ein echtes Plus. Aber lass auch zu, wenn dieses Kind dir zeigt, dass es dich gerne hat. Du wirst dir langfristig den Respekt des Schützen sichern, und dein kleiner Bogenschütze will dir einfach zeigen, wie sehr er dich mag und akzeptiert.

WASSERMANN

Ihr beide kommt von Anfang an blendend miteinander aus. Der kleine Schütze hat ein grundlegendes, unschuldiges Vertrauen ins Leben. Er scheint wirklich immer nur zu lachen. Schützekinder erwachen aus ihrem Nachmittagsschlaf und glucksen fröhlich, statt zu schreien. Das findest du natürlich großartig. Außerdem bist du begeistert davon, dass dein Kleines sich genauso brennend für die große, weite Welt interessiert wie du. Aber während dein Interesse an anderen Menschen politisch und sozial motiviert ist, will der Schütze sie selbst kennenlernen und verstehen.

Intellektuelle Disziplin ist ein großartiges Geschenk für dieses Kind. Lass dein Kind nicht ohne Sinn und Zweck von einer Geschichte, einem Spielzeug, einer Beschäftigung zur nächsten übergehen. Zeig dem Schützen, welche Folgen sein Handeln hat, ob es nun darum geht, dass er dir wegläuft oder dass er im Haus Dinge herumliegen lässt, über die andere dann stolpern. Auch der Schütze hat ein soziales Bewusstsein, aber du kannst es dahingehend fördern, dass es die ganze Welt umfasst wie bei dir. Sobald dein Kind erwachsen ist, wird es dir dafür danken.

FISCHE

Dein Schützekind ist für dich auf der Stelle ein »Stück vom Glück«. Ihr beide teilt die Leidenschaft fürs Leben, und auch wenn der Schütze es eher körperlich und intellektuell angeht, kannst du ihm doch eine spirituell ausgerichtete Weltsicht vermitteln. Zeig ihm von Anfang an, dass sein Leben auf

dieser Erde einen Zweck hat. Ob der Schütze sich nun auf deine Spiritualität einlässt oder nicht, du kannst ihm auf diese Weise immerhin ein Ziel geben. Und das ist alles, was der kleine Schütze braucht.

Möglicherweise brauchst du Hilfe, um dem Schützekind zu vermitteln, dass Struktur und Disziplin wichtig sind. Auch wenn ihr beide euch buchstäblich allen Umständen anpassen könnt, so muss der kleine Schütze doch lernen, wie er mit dem Rest der Welt auskommt. Da dein Kleines sich für die moralischen und anderweitigen Regeln interessieren wird, die die Gesellschaft steuern, sollte er bald erfahren, dass er sich ihnen tunlichst unterordnen sollte. Wenn du ihm dabei hilfst, bekommt dein Schütze einen optimalen Start ins Leben!

10

Steinbock:

das Managerkind

GEBURTSTAG: 22. Dezember bis 20. Januar
HERRSCHENDER PLANET: Saturn – die strukturierte, aber nicht zwanghafte Seite des Lebens
ERHÖHTER PLANET: Mars – denn Mars liebt die Arbeit
FARBE: Schiefergrau, Anthrazit
SCHUTZSTEINE: Granat, Rauchquarz

Dein stilles und ernst dreinblickendes Kind kommt dann zur Welt, wenn die Erde ihr gesamtes Potenzial nach innen verlagert hat. Der Winter ist zwar trostlos und trüb, aber er ist gleichzeitig die produktivste und pragmatischste Zeit, weil wir nun unser Leben den schwierigen Witterungsbedingungen zum Trotz weiterführen müssen. Wenn die Sonne in den Steinbock übergeht, werden die Tage allmählich wieder länger. Der Steinbock ist ein Erdzeichen und ein Kardinalzeichen. Das Steinbockkind wird also sowohl bodenständig als auch ehrgeizig sein. Symbolisch steht der Ziegenfisch für den Steinbock, ein Fabeltier mit dem Oberkörper einer Ziege und dem Unterleib eines Fisches. Er kann also hohe Berge erklimmen, aber auch die Tiefen der Meere erkunden – oder anders gesagt meistert der Steinbock die Niederungen des Lebens ebenso wie seine Sternstunden. Gerade weil er die Höhen und Tiefen so gut kennt, gibt er einen ausgezeichneten Manager ab.

Du wirst recht schnell merken, dass das Steinböcklein Dinge kann, die weit über das hinausgehen, was man von einem Knirps in diesem Alter erwarten würde. Verwechsle das Gefühl der Könnerschaft, das es deshalb zeigt, nur nicht mit Stolz oder Herablassung. Dein kleiner Steinbock kann es kaum erwarten, erwachsen zu werden, daher wird Kuscheln bei seiner Erziehung keine so große Rolle spielen.

Steinbockkinder sind Baumeister. Sie wollen ihre Ideen und Wünsche zu konkreten Objekten machen und haben wenig Zeit zum Spielen um des Spielens willen. Was ihnen am besten gefällt, hat meist irgendwie mit Arbeit zu tun. Sie scheinen es für ihre Aufgabe zu halten, all jene Fähigkeiten zu erwerben, die sie brauchen, um sich in der großen, weiten Welt zu bewähren! Und doch hat der Steinbock auch eine unbeschwerte Seite, die du fördern kannst, indem du den trockenen Humor deines Kindes herauskitzelst. Mach Witze mit ihm, erzähle ihm von lustigen Beobachtungen. Auch wenn es nicht in Ordnung ist, das eigene Kind wie einen Erwachsenen zu behandeln, scheint der kleine Steinbock genau das zu sein. Versuche zu respektieren, wie das Steinböcklein sich sieht, und dränge ihm keine eindeutig kindlichen Spiele oder Klamotten auf.

Talente und Neigungen

BAUEN

Steinbockkinder lieben es, wenn ihre Ideen konkrete Gestalt annehmen. Wenn du dem Steinbock keine Bauklötzchen oder Legosteine gibst, wird er mit Alltagsgegenständen ganze Schlösser bauen, die seiner inneren Vision entsprechen. Wenn du auf deine Tassen, Teller, Töpfe und Pfannen Wert legst, solltest du dich schleunigst in den Spielzeugladen aufmachen!

SPRACHE

Da der kleine Steinbock von Anfang an »erwachsen« sein möchte, wird er eher heute als morgen anfangen zu sprechen. Es wird kein Vor-sich-hin-Plappern oder Gurren geben, wenn der Steinbock die Sprache für sich entdeckt. Dieses Kind wird dich nachahmen und erbittert darum kämpfen, die Geheimnisse der Sprache zu entschlüsseln, damit es endlich reden, lesen und schreiben kann.

GESCHÄFTE

Das Interesse des Steinbocks an Geschäften solltest du nicht unterschätzen, ebenso wenig wie seine Begabung dafür. Selbst als Kind wird er mit Ideen ankommen, wie man Güter und Dienstleistungen anbieten kann. Also lass ihn ruhig selbstgemachte Limonade im Garten verkaufen oder seine alten Spielsachen beim Garagenflohmarkt zu Geld machen. Nur Aktien an IT-Unternehmen sollte er erst erwerben, wenn er volljährig ist.

Herausforderungen

Der Steinbock ist vergleichsweise unkompliziert, allerdings wird es auch hier Augenblicke geben, in denen du klarmachen musst, dass du der Boss bist. Der Steinbock hat die Eigenart, dass er sich in jeder Lage als Chef fühlen muss, also wundere dich nicht, wenn er deine Autorität infrage stellt. Auch wenn du sicher bist, dass er jetzt sein Schläfchen machen, sich anziehen oder ein Bad nehmen soll … er wird dir sagen, dass er das im Moment nicht braucht. Wenn du ihm da nachgibst, wird das Böcklein sich bald noch mehr Terrain erkämpfen wollen. Willst du wirklich jeden Tag Fischstäbchen oder Nudeln mit Käsesauce zum Abendessen?

Das Fordernde am Steinbock macht sich auch im Freundeskreis bemerkbar, wenn dein Kind plötzlich jede simple Beziehung »managt«. Du musst nicht alles strengstens überwachen, was auf dem Spielplatz vorgeht, aber du solltest sicherstellen, dass dein kleiner Steinbock freundschaftliche Bande nicht nur knüpft, um andere Kinder herumkommandieren zu können. Mach ihn mit älteren Cousins und Cousinen oder mit größeren Kindern aus der Nachbarschaft bekannt. So lernt er, wie es ist, wenn man nicht automatisch der Klügste, Stärkste oder der mit dem letzten Wort auf dem Platz ist.

Disziplin

Der Steinbock muss lernen, dass beinahe jede Situation im Leben von Hierarchien geprägt ist – und in seiner Welt bist du derjenige, der die Zügel in der Hand hält. Wird er wütend, weil er für bestimmte Dinge noch zu jung ist, dann musst du auf Disziplin pochen und darfst nicht nachgiebig sein.

Wenn du die bestimmende Kraft im Haus bleiben willst, musst du dir kreative Wege überlegen, wie du dein Kind zu Disziplin anhalten kannst. Wenn es einem Freund gegenüber hochmütig oder dir gegenüber frech ist, musst du seine zwischenmenschlichen Fähigkeiten testen und ihm zu verstehen geben, dass jeder Mensch etwas zu lernen hat. So kannst du beispielsweise dem auf sein Zimmer verbannten Steinböcklein anbieten, die Strafe aufzuheben, wenn es Aufgaben erledigt, die es eigentlich für unter seiner Würde hält. Dann kannst du auch die Entschuldigung für sein Verhalten annehmen und ihm vergeben. Bescheidenheit ist vielleicht die wichtigste – und am schwersten zu erlernende – Tugend für den Steinbock. Auf eine liebevolle Weise sein von sich selbst überzeugtes Ego in die Schranken zu weisen zeigt deinem Kind, wie wichtig das ist.

Was seine frühreife Art angeht, trägt der kleine Steinbock tatsächlich zwei Seelen in seiner Brust. Obwohl er denkt, dass Gleichaltrige ihm nicht »ebenbürtig« sind, schmerzt es ihn ein wenig, dass er nicht so ist wie andere Kinder. Die Anpassungsschwierigkeiten des Steinböckleins erwachsen aus der Tatsache, dass es andere Menschen nicht für vertrauenswürdig hält. Damit es nun lernt, wie wichtig Zusammenarbeit ist, solltest du ihm immer mal wieder Gelegenheit geben, sich in eine Gruppe einzufinden. Am besten eignen sich dafür Aktivitäten, bei denen man für seine Leistung belohnt wird, zum Beispiel das Pfadfindertum oder die Kampfkünste, auch wenn der Steinbock vielleicht anfangs nicht hingehen will.

Was dein Steinbock am liebsten mag

LIEDER UND ABZÄHLREIME

Schneeflöckchen, Weißröckchen: Dieses Winterlied schlechthin preist die Zeit, in der der Steinbock zur Welt kommt.

Old MacDonald Had a Farm: Der Steinbock hat Spaß daran, die ganzen Tierlaute zu lernen.

Zeigt her eure Füße: Auch der Steinbock arbeitet gerne wie die Waschfrauen.

FILME

Der Zauberer von Oz: Der Steinbock würde viel darum geben, der Mann hinter dem Vorhang zu sein.

Die Unglaublichen: Der Witz wird dem kleinen Steinbock gefallen, und die Lektion, dass man nach einem Fehlschlag einfach wieder von vorn anfängt, wird ihm auch guttun.

The Boss Baby: Der Steinbock hat kein Problem zu glauben, dass Babys besondere Kräfte haben.

SPIELE

Plumpsack: Der Steinbock liebt die Spannung.

Murmeln: Der Steinbock gewinnt gerne, besonders dann, wenn er seinen Mitspielern etwas abknöpfen kann.

Alle Vögel fliegen hoch: Der kleine Steinbock muss blitzschnell überlegen.

BÜCHER UND GESCHICHTEN

Pu der Bär von A. A. Milne: Erinnert den Steinbock an den Wert der Freundschaft.

Matilda von Roald Dahl: Auch der Steinbock ist weit klüger als seine Altersgenossen.

Die goldene Gans: Zeigt dem Steinbock, was passiert, wenn man zu hartherzig und gierig ist.

GESUNDE LECKERBISSEN

Hokkaidokürbis: Ein leckeres Wintergemüse, das dem Steinbock-Winterling mundet.

Kartoffeln: Einfach und wohlschmeckend, das mag dieses Kind.

Erbsen: Schmackhaft, günstig, und man kann sie auch noch zu Brei zermatschen.

Der Steinbock und sein Stil

Der Steinbock wünscht sich Kleidung, die elegant, aber unauffällig ist. Diesen Stil behält er bis ins Erwachsenenalter bei.

Der Steinbock in seiner unmittelbaren Umgebung

Organisation und Einfachheit, das sind für den Steinbock zwei unverzichtbare Elemente. Also gestaltest du das Kinderzimmer am besten mit einfachen Formen und wenig Dekoration. Natürlich braucht es auch ein paar typische Babysachen, aber wenn zu viel herumliegt, wird der Steinbock schnell seinen beträchtlichen Stimmumfang einsetzen, um seinen Unmut darüber kundzutun.

Wie du den Steinbock beruhigst

Wenn der Steinbock weint, dann meist aus Frustration. Vergiss nicht, dass dein Böcklein zwar ein Kind ist, sich aber als Erwachsener fühlt! Wenn er wüsste, wie das Erwachsensein ist, müsstest du ihm vielleicht nicht erklären, warum das und jenes nicht geht und es besser ist, auf manche Dinge zu warten. Andererseits beruhigst du den Steinbock am besten, indem du ihn behandelst wie einen Erwachsenen. Wenn er liegt, setze ihn auf oder lass ihn stehen, dann fühlt er sich gleich »erwachsener«. Wenn du ihn dann noch an deinen Aktivitäten teilhaben lässt, ist er gleich viel gelassener.

Anregungen für das Steinbockkind

Der Steinbock gehört nicht zu den Kindern, die herumsitzen und nichts tun. Zumindest nicht lange. Biete deinem Kind Spielsachen, die es beschäftigen und ihm etwas abverlangen, denn das befriedigt das Bedürfnis nach Leistung, das der kleine Steinbock hat.

- **Legosteine:** Die Türme des Steinbocks wachsen regelmäßig in den Himmel. Er wird davon träumen, ein Penthouse zu haben, von dem aus er über den Fluss sieht.

- **Zeichnen:** Ein einfacher Block und Buntstifte oder eine Zaubertafel, bei der er das Geschaffene gleich wieder verschwinden lassen kann – das fördert die Fantasie des Steinbocks. Außerdem kann er so leichter Pläne entwerfen.

- **MP3-Player:** Dein Steinbock zeigt vermutlich musikalische Interessen. Du kannst sie fördern, indem du ihm kindgerechtes Gerät kaufst und ihn selbst aussuchen lässt, was er hören möchte. Klassik sollte unbedingt mit dabei sein. Der kleine Steinbock liebt Symphonieorchester.

Der Lernstil des Steinbocks

Der Steinbock lernt durch Zuschauen und Zuhören. Danach wetteifert er mit Altersgenossen und Lehrern darum, wer eine bestimmte Aufgabe am besten erledigt. Das einzige Lernproblem, das der Steinbock hat, ist seine Überzeugung, er wüsste schon alles. Disziplin und Rücksicht, das sind zwei entscheidende Lektionen, die dein Steinbockkind lernen muss. Wenn du einen Anruf von der Schule bekommst, kann das zwei Gründe haben: Entweder gratuliert man dir, weil dein Kind so helle ist. Oder man teilt dir mit, dass es die Autorität des Lehrers nicht akzeptiert. Natürlich gibt es Zeiten, in denen auch der Lehrer nicht unbedingt »recht hat«, aber dein Steinböcklein muss lernen, dass jeder Mensch etwas Wertvolles zu bieten hat.

Wie du dein Steinbockkind erziehst

Ratschläge für dich als …

WIDDER

Du bist stolz auf deinen Steinbock, aber du spürst auch die Verantwortung, dieses Kind richtig zu erziehen. Dein Steinbock wird versuchen auszutesten, wer bei bestimmten Aufgaben klüger, schneller oder besser ist. Als Elternteil darfst du dich auf diesen Kampf nicht einlassen. Der Steinbock ist nicht so körperbetont wie du, aber auf jeden Fall klüger, als du vermutlich meinst. Selbst als kleines Kind wird der Steinbock Mittel und Wege finden, um sich vor der Hausarbeit zu drücken, und seinen Einfallsreichtum bemühen, um weniger mithelfen zu müssen. Dieser Erfindungsreichtum ist nicht immer so gesund, wird jedoch stets zweckmäßig eingesetzt – zumindest aus der Sicht des Böckleins! Versuche, den Steinbock dazu zu motivieren, dass er öfter mal was draußen unternimmt. Am meisten wird es ihn reizen, wenn er mit anderen um die Wette laufen oder Tore schießen kann.

Wenn du mit dem Steinbock spielst, wirst du sehen, wie ungeheuer schlau dieses Kind sein kann. Du bist vielleicht größer und stärker, doch der Steinbock bringt jenes Wissen und jene Entschlossenheit mit, die man zum Überleben braucht. Du kannst diese Anlagen fördern, indem du ihm klarmachst, dass Ausruhen auch seinen Nutzen hat – und dass es okay ist, einfach nur Spaß zu haben.

STIER

Du und dein Steinbockkind verbringt gerne Zeit miteinander. Das Kleine genießt das warme, behagliche Heim, das du ihm nur zu gern bereitest. Du deinerseits bist froh, dass du für dieses Kind nicht so viel Zeit aufwenden musst. Der Steinbock ist's zufrieden, wenn du ihn im Arm hältst, falls er mal ein paar Streicheleinheiten braucht.

Im Großen und Ganzen habt ihr eine sehr liebevolle Beziehung, fast wie eine schöne Freundschaft. Allerdings musst du der Neigung des Böckleins, in eurem Heim das Ruder zu übernehmen, entschlossen entgegentreten. Es mag verlockend sein, das ein oder andere Schläfchen ausfallen zu lassen oder einen extra Keks herauszugeben, aber wenn du jeder Forderung des Steinbocks nachgibst, ist das für dein Kind nicht unbedingt gut. Dein Kind weiß jedenfalls nicht, dass Verhandlungen mit dir kein Zuckerlecken sind. Mach es darauf aufmerksam, indem du konsequent bleibst und es nicht die Regeln umgehen lässt.

ZWILLINGE

Dein Steinbockkind ist so ernst, dass du dich vielleicht schon fragst, ob es vielleicht etwas plagen könnte. Doch dein hochentwickeltes und außerordentlich intelligentes Kind weigert sich einfach nur, ständig zu spielen und zu knuddeln. Der Steinbock ist eine alte und sensible Seele. Doch mit seinen Bemühungen, dir zu gefallen, entlockt er dir sicherlich mehr als nur einmal ein Lächeln.

Der entscheidende Punkt in eurer Beziehung ist, dass du diesem Kind klare Grenzen setzt und es unterstützt, damit es sein Potenzial voll entfalten kann. Das fällt dir nicht unbedingt leicht, aber wenn du möchtest, dass dein Böcklein sich sicher fühlt, musst du an diesem Punkt ansetzen! Sonst hast du am Ende ein Kind, das unter allen Umständen die Kontrolle haben will – vor allem, wenn es darum geht, seine Spielsachen aufzuräumen. Nutz deinen ganzen Witz und deine Unberechenbarkeit, um dieses Kind im Ungewissen zu lassen. Schon hast du die Kontrolle über die Lage – und eroberst dir den nötigen Respekt.

KREBS

Vielleicht fragst du dich, ob du für deinen kleinen Steinbock »genug« tust, aber das sind unnötige Sorgen. Trotz eurer Unterschiede wird dein Kind es zu schätzen wissen, dass du ihm ein warmes, sicheres Heim bietest, in dem es aufwachsen kann. Dein Instinkt, der dir sagt, was und wann dein Kind etwas braucht, wird sich in den ersten Jahren als nützlich erweisen. Dein Kind spürt, dass du einfach weißt, was in jeder Situation das Beste ist.

Mit der Zeit legt der kleine Steinbock dir gegenüber vielleicht sogar eine beschützende Haltung an den Tag. Nicht weil er glaubt, du könntest nicht für dich selbst sorgen. Er will sich vielmehr um die Familie kümmern – genauso wie du. Die Eltern sind ihm heilig – und der Steinbock wird darauf achten, dass sich dir niemand in den Weg stellt oder dich gar verletzt. Allerdings ist es nicht die Aufgabe deines Böckleins, für deine Sicherheit zu sorgen. Aber die Bemühungen, die es diesbezüglich unternimmt, sind wirklich lieb.

Du kannst dem Steinbockkind viele Aufgaben rund ums Haus anvertrauen. Möglicherweise hat es keine Lust, kochen und putzen zu lernen, aber das sind grundlegende Fähigkeiten, die jeder Mensch braucht. Der Steinbock wird deine Fähigkeiten respektieren und sich bemühen, alles »fast« genauso gut zu machen wie du.

LÖWE

Du und der Steinbock, ihr seid euch viel ähnlicher, als du glaubst, wenn du dieses ernsthafte Seelchen zum ersten Mal erblickst. Du bist extrovertiert und sehr direkt, auch in puncto Humor, während der Steinbock eher reserviert ist und einen trockenen Witz besitzt. Aber ihr habt auch eine Gemeinsamkeit: Ihr seid beide »Anführer«. In gewisser Hinsicht wirkt es so, als würde der Steinbock versuchen, dich unterzubuttern, und du fragst dich vermutlich, wieso er sich das herausnimmt.

Nun, der Steinbock kann ziemlich rechthaberisch sein, aber wenn er dir seinen Standpunkt erklärt, stellst du erstaunt fest, dass seine Argumente sinnvoll sind. Anfangs findest du das süß, aber mit der Zeit wird der Steinbock den Bogen überspannen. Dann musst du dem Kind zeigen, wer hier wirklich das Sagen hat. Das muss nicht auf die grobe Weise passieren. Vergiss nicht, dass der Steinbock zwar nach außen hin recht stark und draufgängerisch wirkt, doch dahinter verbirgt sich eine ruhige und sanfte Energie. Bring deinem Kind bei, dass es nicht automatisch Anspruch auf Respekt für seine Führungsqualitäten hat. Respekt will verdient werden. Und dafür kannst du ihm ein gutes Vorbild sein!

JUNGFRAU

Du und der Steinbock habt eine wunderbare Zeit, wenn er noch in den Kinderschuhen steckt. Das Kleine ist ruhig und fügt sich gerne und wird dir für deine organisierte Art und die ordentliche Umgebung dankbar sein. Manchmal fragst du dich, wieso dieses Kind so gar kein Interesse an den altersgerechten Spielsachen und Geschichten hat, die du anbringst. Irgendwann wirst du akzeptieren müssen, dass dein Böcklein sehr viel reifer ist als das Durchschnittskind.

Du kannst diesen Zug fördern, wenn du ihm spannende Aufgaben stellst. Ihr habt beide eine Neigung zum Erdelement, das heißt, ihr seid beide praxisorientiert und bodenständig, was eure Vorlieben und Ideen angeht. Dein

Kind wird dir über die Schulter gucken, wenn du ein Terrarium baust oder handwerklich dein Heim verschönerst. Der Steinbock kann mit deiner Liebe zum Detail zwar wenig anfangen, dafür ist er in der Lage, das große Ganze zu erfassen. Du kannst vieles lernen, wenn du die Dinge durch die Augen deines Kindes betrachtest. Aber du solltest ihm auch beibringen, wie wichtig es ist, gute Grundlagen zu legen – damit die Spitzenleistung des Steinbocks am Ende auch anerkannt wird.

WAAGE

Das ruhige und anspruchslose Steinbockkind ist ein willkommener Zuwachs in deinem Heim. Mit ihm musst du nicht damit rechnen, dass dein inneres Gleichgewicht und deine äußere Routine in Gefahr geraten. Die Erfahrung des Elterndaseins ist immer ein Lernprozess, und dir wird der Steinbock mehr Entschlossenheit vermitteln. Mit deinen zweideutigen Aussagen darüber, wo gegessen und was angezogen wird, kann das Steinbockkind so gar nichts anfangen, vor allem wenn es älter wird. Du musst dich selbst fragen, ob du jemanden respektieren würdest, der keine Entscheidungen treffen kann. Ruf dir auch ins Gedächtnis, dass der Steinbock recht fordernd ist, wenn es darum geht, jemandem sein Vertrauen und seine Achtung zu schenken. Du solltest dich dieser Situation gewachsen zeigen und dankbar sein, dass du, ohne es auch nur zu merken, von deinem Böcklein lernst, deinen Alltag besser zu bewältigen.

SKORPION

Du wirst es genießen, den kleinen Steinbock zu erziehen, weil du immer genau weißt, was er braucht, und ihm das auch ohne Bedenken gibst. Steinbockkinder sind anfangs recht ruhig, aber ihre Intelligenz und Reife sind so beeindruckend, dass man manchmal vergisst, dass sie trotzdem noch unerfahrene Kinder sind. Der Steinbock wird versuchen, dir einen bestimmten Stundenplan aufzudrängen. Wenn du dich nicht daran hältst, wird er Rabatz machen oder Bedenken wegen seines Wohlergehens anmelden.

Zum Glück für dich – und für dein cleveres Kind – fällst du auf so etwas nicht herein. Du weißt ja schließlich, dass der Steinbock Führung, Liebe und klare Grenzen braucht. Wenn du deine Autorität hier nicht ausübst, wird keiner von euch beiden es leicht haben. Um zu der Führungspersönlichkeit heranzuwachsen, die der Steinbock einmal sein wird, muss er wissen, was Regeln sind und wie man sie entweder befolgt oder umgeht. Wenn du sorgfältig auf dein Kind achtest – was du selbstverständlich tun wirst –, kannst du es auf deine ruhige Weise durch das gesellschaftliche Labyrinth lotsen. Dein Steinböcklein wird dich deshalb umso mehr lieben.

SCHÜTZE

Du wirst von deinem Steinbockkind begeistert sein. Du solltest von ihm nur nicht die gleiche Energie und Begeisterung erwarten, wie du sie hast! Der kleine Steinbock ist viel zurückhaltender als die meisten Kinder. Und wenn du für eine bestimmte Aktivität nicht das gleiche Interesse zeigst wie er, bringst du den Steinbock aus dem Gleichgewicht. Doch da du genauso klug bist wie dein Kleines, wirst du wissen, dass dein Böcklein aus einem bestimmten Grund zu dir gekommen ist: damit du ihm beibringst, Freude am Leben zu haben.

Der Steinbock hat sehr wohl die Gabe, sein Leben zu genießen. Tatsächlich wirst du dein Kind immer wieder erwischen, wie es verbotene Freuden genießt – wenn es zum Beispiel in gutem Essen schwelgt oder den Inhalt seines Sparschweins mit wohligem Vergnügen kontrolliert. Der Steinbock hat die gleichen Gefühle wie du und alle anderen Menschen – es ist nur nicht seine Art, diese auch zu zeigen.

Wenn du das im Hinterkopf behältst, wird deine Beziehung zum Steinbock weniger stressig sein. Lass dir deine Autorität nicht nehmen, aber gib dem Steinbock auch das wertvollste Geschenk von allen: das Wissen, dass es okay ist, auch mal zu weinen, wenn man verletzt wurde, und ernsthaft zu sein, wenn es der Situation angemessen ist – aber dass es ebenso wichtig ist, zu lachen und glücklich zu sein.

STEINBOCK

Wenn dein wunderbares Steinböcklein in dein Heim einzieht, fühlst du dich versucht, Visitenkarten mit euer beider Namen zu drucken. Aber deshalb musst du nicht gleich den Börsengang des Familienunternehmens planen! Du und dein Steinbock, ihr habt keine Verständigungsprobleme. Ihr kennt die gleichen Stimmungen und besitzt die gleiche Neigung, eure Emotionen nicht offen zu zeigen. Trotzdem schmilzt du dahin, wenn dein kleiner Steinbock dich anlächelt. Vermutlich glaubst du zu wissen, was in diesem Köpfchen vorgeht, aber sei dir da bloß nicht so sicher.

Da dein Kleines dir so ähnlich ist, kommt es vielleicht zum Kampf um die Oberhoheit, und das schon recht früh. Du glaubst, du hast alles unter Kontrolle, bis du dann plötzlich bemerkst, dass dein Böcklein dich übers Ohr gehauen hat! Wahrscheinlich wird dich das nicht überraschen, zumindest sollte es das nicht! Es erfordert also eine gründliche Selbsterforschung, wenn du dieses Kind bestmöglich erziehen willst.

Das Beste, was du dem kleinen Steinbock mitgeben kannst, ist Integrität und das Wissen, dass Macht ohne diese Tugend eine leere Hülse ist. Einfach ausgedrückt: Wenn du Menschen respektierst, dann respektieren sie *dich.*

WASSERMANN

Du bist von deinem Steinbockkind begeistert, denn es zeigt sich von Anfang an, dass es nicht nah am Wasser gebaut und eher pragmatisch ist, was eure Beziehung enorm vereinfacht. Du wirst dem kleinen Steinbock ein guter Vater bzw. eine gute Mutter sein, wenn du seine Versuche unterbindest, über den ganzen Haushalt zu bestimmen. Kein Zweifel, das Steinbockkind benimmt sich normalerweise gut. Allerdings kann es ziemlich rechthaberisch, ja manchmal sogar aggressiv sein. Wenn du andere Kinder mit dem Steinbock spielen siehst, wirst du bemerken, dass sie sich ihm häufig unterordnen. Nicht etwa, weil der Steinbock sie gezwungen hätte. Aber du solltest sicherstellen, dass das auch so bleibt. Denn Steinbockkinder versuchen mitunter tatsächlich, Macht über andere Menschen auszuüben, auch wenn sie ihnen nicht zusteht.

Was du deinem Böcklein unbedingt beibringen solltest, ist die Tatsache, dass es nicht immer darum geht, andere zu kontrollieren oder Macht zu gewinnen. Wichtiger ist, dass es allen gut geht, vor allem der Gemeinschaft als Ganzem. Wenn dir das gelingt, hast du aus dem Steinbock einen Menschen gemacht, der Fähigkeiten, Entschlossenheit und Mitgefühl vereint, um unglaubliche Ziele zu erreichen. Wenn du den Steinbock so erziehst, hast du schon die Welt verbessert.

FISCHE

Du wirst über die Reife des Steinbocks erstaunt sein. Dein Kind kommt dir nicht vor wie ein Baby. Es sieht sich in der Welt auf eine Weise um, wie das zumeist nur Kinder tun, die deutlich älter sind. Du bewunderst das Selbstvertrauen des Kleinen, seine innere Stärke, weil diese Dinge dir gewöhnlich nicht leichtfallen.

Wenn du dich sorgst, ob du vielleicht der »falsche« Elternteil für so ein entschlossenes Kind bist, kann ich dir nur sagen: Da täuschst du dich! Denn niemand kann dem Steinböcklein besser beibringen als du, was es unbedingt verbessern sollte. Dein Kind ist zum Beispiel nicht so fantasievoll und launisch wie andere Kinder. Das musst du natürlich akzeptieren, aber du kannst ihm auch zeigen, wie es sich für seine verletzliche und fantasievolle Seite öffnen kann, indem ihr ein unerschütterliches Vertrauensverhältnis zueinander entwickelt. Dazu gehört allerdings auch, dass du den Haushalt strenger führst, als du das üblicherweise tust. Der Steinbock verlangt Ordnung und Berechenbarkeit – zwei Dinge, die du ihm nicht bieten kannst, ohne dir Mühe zu geben. Wenn du dieses Kind sinnvoll erziehen willst, solltest du lernen, an dir selbst zu arbeiten – aber das ist doch das Wunderbare am Elterndasein!

11

Wassermann:
der liebenswerte Spinner

GEBURTSTAG: 21. Januar bis 19. Februar
HERRSCHENDER PLANET: Saturn – die starke und sture Tagseite
ERHÖHTER PLANET: Wird nicht gebraucht. Der Wassermann ist ebenso unbeirrbar wie der Saturn selbst.
FARBE: Orange, sanftes Blaugrün
SCHUTZSTEINE: Aquamarin, Herderit

Das Baby mit dem neugierigen Blick in weite Fernen ist tatsächlich ein Träumer. Es kommt mitten im Winter zur Welt, wenn es kaum frisches Obst und Gemüse gibt und die Menschen in ihren Häusern bleiben. Dein kleiner Wassermann findet es wichtig, sich um andere Menschen zu kümmern und eine Gemeinschaft aufzubauen, die alle schützt. Die Gedanken deines Kindes werden dich erstaunen. Du wirst an dieser klugen, kleinen Person viel Freude haben. Symbolisiert wird dieses Zeichen durch den Wasserträger, obwohl es ein Luftzeichen ist und zu den fixen Zeichen gehört. Daher ist dein Kind auch so sicher, dass nur seine Ideen einer Überlegung wert sind. Du willst dem kleinen Wassermann beibringen, wie man etwas »richtig« macht, doch er wird eine völlige »neue« Methode entwickeln und dabei jegliche Konventionen außer Acht lassen.

Jeder unter diesem Zeichen Geborene hält es für seine Aufgabe, Licht und Wissen in die Welt zu tragen. Aus diesem Grund glaubt der Wassermann auch, dass diese Welt eine Veränderung braucht. Deswegen missachtet dein Kind Autoritäten, versucht umzukrempeln, wie du bestimmte Dinge anpackst, und stellt häufig die Welt tatsächlich auf den Kopf!

Wassermannkinder sind vor allem Denker und Redner, aber auch tatkräftig. Sie finden ungewöhnliche Wege, sich auszudrücken. Emotional wird dein Kind nicht viel Wärme ausstrahlen, aber mit deiner Hilfe kann es lernen, seine Gefühle offener auszudrücken. Schenke deinem Wassermann Zuneigung, auch wenn er das nicht verlangt – einfach so. Dann wird der kleine Wasserträger lernen, dass es Bande gibt, die nicht auf Worten oder Gedanken beruhen. Während dein Kind noch klein ist, stehen die Chancen dafür gut. Später wird es schwieriger. Worauf wartest du noch? Gib dem Kleinen ein paar Extraküsschen und Streicheleinheiten, solange du noch die Gelegenheit hast!

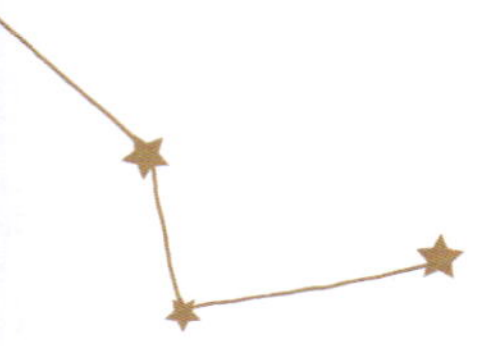

Talente und Neigungen

WISSENSCHAFT

Dein kleiner Wassermann will wissen, wie die Welt zusammengesetzt ist. Als Baby versucht er die Rassel auseinanderzunehmen, um zu sehen, was da diesen Lärm macht! Daher musst du auf dein Kleines immer ein Auge haben, um es vor Gefahren zu bewahren und sein Genie zu bewundern!

SPRACHE

Der Wassermann schätzt Kommunikation, aber eben nur in der Form, wie er sich das vorstellt. Dein Kind wird sich bemühen, sprechen zu lernen. Aber sobald es diese Hürde gemeistert hat, solltest du nicht erwarten, dass es auf deine Bitten so reagiert, wie du das gerne hättest. Der Wassermann wird für bestimmte Dinge vielleicht sogar neue Worte erfinden, um dir zu zeigen, was diese Dinge im Innersten sind – und natürlich, um sich die Rolle des Elternteils anzueignen.

POLITISCHES ENGAGEMENT

Dein Wassermannkind wird politisch engagierter sein als die meisten jungen Leute. Er weiß, was in der Welt vorgeht, und will seine Meinung mit allen Menschen teilen, die ihm zuhören. Während dein Kind heranwächst, kannst du es mühelos für die Gemeinwesenarbeit begeistern. Auch für Schulpolitik interessiert es sich, weil es wissen will, was hinter den Kulissen vorgeht. Und natürlich will es auch mitmischen!

Herausforderungen

Das Wassermannkind hat zwar seine Eigenheiten, ist aber trotzdem leicht zu erziehen. Du wirst stolz auf die Leistungen deines Kleinen sein, hast aber vermutlich auch mit Wachstumsschmerzen zu kämpfen, die bei einem so unabhängigen und widerspruchsverliebten Geist die Regel sind.

Sehr schwierig kann es werden, wenn du den kleinen Wassermann ins Regelwerk der Schule einführen musst. Gut wäre, eine Schule zu finden, in der seine Individualität geschätzt wird. Bist du jedoch auf eine konventionelle Schule angewiesen, musst du dem Wassermann beibringen, wie er mit der Autorität anderer Menschen leben kann. Mach ihm klar, dass er dafür etwas bekommt, was ihm ungeheuer viel wert ist: Wissen.

Disziplin

Du kannst den Wassermann nicht ständig daran hindern, aus der Reihe zu tanzen. Aber hin und wieder braucht er auch eine Lektion. Um die Sicherheit deines Kindes zu gewährleisten und dafür zu sorgen, dass es später selbstständig wird, musst du ein gesundes Gleichgewicht zwischen Regelkonformität und Unangepasstheit finden.

Der beste Weg dahin ist vermutlich, deinem Wassermannkind ein altes Sprichwort näherzubringen: »Mit der Freiheit kommt die Verantwortung.« Am besten fängst du damit schon früh an. Wenn er sich einige Spielsachen nimmt, dann ist das »Freiheit«. Die »Verantwortung« besteht darin, die Sachen gut zu behandeln und sie nach dem Spielen wieder aufzuräumen. Das mag abgedroschen klingen, aber wenn du das dem Kleinen in jungen Jahren beibringst, kannst du später darauf aufbauen.

Wenn der Wassermann keine Verantwortung übernehmen will, verliert er auch seine Freiheit. Hier solltest du wirklich streng sein. Wenn der kleine Wasserschlingel die Bauklötzchen nicht zurück in die Kiste legt, nimmst du sie ihm weg und verstaust sie irgendwo, wo er nicht herankommt. Möglicherweise fängt er dann zu schreien an, aber das hältst du schon aus. Der Wassermann bekommt die Bauklötzchen – oder was immer du ihm weggenommen hast (später sind es vermutlich eher die Autoschlüssel) – zurück, wenn er einsieht, dass sein Verhalten falsch war, und verspricht, es nicht wieder zu tun.

Natürlich wäre es gut, wenn sich der kleine Wassermann entschuldigt, aber darauf wirst du lange warten! Beweist du genügend Geduld und Beharrlichkeit, tust du dem Wassermannkind einen Gefallen. Dann lernt es nämlich, welchen Wert die Worte »Es tut mir leid« haben und wie schön Vergebung sein kann.

Was dein Wassermann am liebsten mag

LIEDER UND ABZÄHLREIME

Brüderchen, komm tanz mit mir: Das lustige Spiel stärkt die Begeisterung des Wassermanns für die Gruppe.

Kumbaya my Lord: Frieden für die ganze Welt, damit wir zusammenleben können.

Zwei mal drei macht vier: Natürlich macht sich auch der Wassermann die Welt, wie sie ihm gefällt.

FILME

Ice Age: Diese Geschichte über Loyalität und Beständigkeit gefällt dem Wassermann sicher.

Merida – Legende der Highlands: Die kleine rothaarige Kämpferin will sich nicht wie eine übliche Prinzessin verhalten. Auch dies passt sehr gut zum Wassermann.

The LEGO Movie: Unterschiedlichste Menschen entdecken, dass sie viel gemein haben, und helfen einander. Der Wassermann kommt mit diesem Wissen schon zur Welt.

SPIELE

Blinde Kuh: Für den Wassermann sind sowieso alle Menschen gleich.

Bei Müllers hat's gebrannt, -brannt, -brannt: Klatschspiele zeigen dem Wassermann, wie Zusammenarbeit funktioniert.

Hot Lava (Videospiel): Der Wassermann muss einen Parcours überwinden, was seine Fantasie anregt.

BÜCHER UND GESCHICHTEN

Die drei Musketiere von Alexandre Dumas: »Einer für alle, alle für einen!«

Humpty Dumpty: Zeigt dem Wassermann, dass niemand unverwundbar ist.

Die Entdeckung des Hugo Cabret von Brian Selznick: Wunderschön illustrierte Geschichte über Erfindungsgabe und Geheimnisse.

GESUNDE LECKERBISSEN

Heidelbeeren: Der Wassermann liebt ihre Farbe. Und du findest es wunderbar, dass er dieses Superfood so bereitwillig verzehrt.

Kokoswasser: Eher unüblich, aber gerade deshalb wird der Wassermann es mögen.

Okraschoten: Ein Gemüse, das viele Menschen nicht mögen – der Wassermann aber schon.

Der Wassermann und sein Stil

Am ehesten lässt sich der Wassermannstil mit dem Wort »verrückt« beschreiben. Ja, ehrlich! Dieses Kind ist der Ansicht, dass verschiedenfarbige Socken absolut zusammenpassen.

Der Wassermann in seiner unmittelbaren Umgebung

Dem Wassermann ist es egal, wie sein Kinderzimmer aussieht, solange du ihn mit dem Nötigsten versorgst und er genug Platz hat, um sich auszustrecken. Eigenwillige Objekte und wilde Farbkombinationen wird dein kleiner Wasserträger zu schätzen wissen.

Wie du den Wassermann beruhigst

Da der Wassermann ziemlich stur sein kann, wird es Zeiten geben, in denen er so herzzerreißend weint, dass du schon glaubst, er wird nie wieder aufhören mit dem Krach. Meistens lässt er sich beruhigen, indem du seine Grundbedürfnisse sicherst – Essen, Windeln und Streicheleinheiten. Wenn das nicht klappt, dann lass ihn auf einer Matte strampeln, sodass er sich nicht wehtun kann, oder gib ihm ein Spielzeug, das ihn zur Bewegung anregt.

Auch Fernsehen und Filme lenken ihn ab, aber diese Dinge solltest du nur sparsam einsetzen. Als Fixzeichen besitzt der Wassermann eine starke Konzentrationsfähigkeit, die ihn zum Medienjunkie machen kann, wenn er davon vor dem Fernseher Gebrauch macht – und das willst du doch nicht für ein Kind, das einen so scharfen Intellekt besitzt! Aber gerade der kommt dir zugute, wenn du dem kleinen Wassermann etwas vorliest oder ihm Reime beibringst. Auch sanfte Hintergrundmusik ist Balsam für seine Nerven.

Anregungen für das Wassermannkind

Der Wassermann interessiert sich für die Welt, daher ist es nicht weiter schwierig, seinen Verstand anzusprechen. Zum Beispiel damit:

- **Elektronisches Spielzeug:** Dabei lernt er, wie Ursache und Wirkung zusammenhängen. Aber vergiss nicht, seine Bildschirmzeit sinnvoll zu begrenzen.

- **Tolle Kostüme:** Der Wassermann hat sowieso einen Superman-Komplex. Den solltest du unterstützen.

- **Spiele, bei denen er Städte oder Bauernhöfe aufbaut:** So förderst du schon früh sein soziales Bewusstsein.

Der Lernstil des Wassermanns

Der Wassermann lernt am besten in der Gruppe: Dein Kind braucht die Klassengemeinschaft, um zu spüren, dass das Gelernte von Bedeutung ist. Es sieht selten etwas so wie der Rest der Welt, also sei darauf vorbereitet, dass du neue Wege finden musst, um ihm seinen Lernstoff zu präsentieren. Wenn er sich an bestimmte Lernmethoden halten soll, kommt dein Wassermann in der Schule nicht zurecht. Er braucht einfach eine gesunde Balance zwischen Freiheit und Struktur – und so viel Technik wie nur irgend möglich.

Wie du dein Wassermannkind erziehst

Ratschläge für dich als …

WIDDER

Du und der Wassermann, das ergibt ein interessantes Tauziehen. Du bist sehr körperbetont, der Wassermann neigt eher zum Geistigen. Daher habt ihr beide eine vollkommen verschiedene Weltsicht. Während dir wichtig ist, das zu bekommen, was du dir wünschst, sucht der Wassermann immer nach Wegen, wie die Gemeinschaft von seinem Handeln profitieren kann. Das Einzige, worin ihr euch einig seid, ist die Bedeutung des Selbst. Vermutlich braucht ihr einige Zeit, um euch einander anzupassen, und dabei darfst du nicht vergessen, dass du der Boss bist.

Sonst wird es leicht passieren, dass ihr die Klingen kreuzt, denn der Wassermann ist obendrein noch richtig stur. Mach dem kleinen Wassermann von Kindesbeinen an klar, dass du seine Individualität respektierst, aber fordere auch umgekehrt Respekt und Gehorsam ein. Nur so kannst du dem Kind mit diesem massiven Ich helfen, sich in der Gesellschaft zurechtzufinden. Während du den Wassermann lehrst, ein Teil der Gemeinschaft zu werden, wird er dir beibringen, dich wie der Erwachsene zu verhalten, der du als Elternteil sein musst.

STIER

Obwohl du eher am Herkömmlichen hängst, dein kleiner Wasserträger aber alles andere als konventionell ist, werdet ihr besser miteinander zurechtkommen, als du vielleicht vermutest. Du findest die Ideen deines Kindes einfach wunderbar und ausgesprochen originell. Außerdem bist du stolz darauf, dass er etwas, was er lernen will, so lange übt, bis er es gemeistert hat. Du kannst dem kleinen Wassermann ein geregeltes Leben im Wohlstand bieten. Was er von dir noch braucht, ist ein Feedback zu seinen Ideen. Insofern wirst du für ihn zum Prüfstein: Wenn er dich überzeugen kann, wird der Rest der Welt ein Kinderspiel sein!

Lass deinem Wassermannkind viel Raum, wenn es um die Auswahl von Freunden oder Interessensgebieten geht. Du denkst vielleicht, der Wassermann wäre ein großartiger Buchhalter, aber er fühlt sich vermutlich nicht wohl, wenn er nur ans Materielle denken soll. Dein kleiner Wassermann braucht so viel Technik und Naturwissenschaften wie irgend möglich. Achte darauf, dass er auch Aktivitäten pflegt, die ihm helfen, ein freigebiges Herz zu entwickeln. Die Liebe zu Tieren oder der Einsatz für die weniger vom Glück Begünstigten können seinen kühl kalkulierenden Geist ausgleichen. Aber der Wassermann hat Glück, denn dafür bist du das Musterbeispiel.

ZWILLINGE

Dein kleiner Wassermann verblüfft dich, weil er zu dir einen Draht findet, noch bevor er reden kann. Dieses Kind ist in den richtigen Armen gelandet, weil du intuitiv weißt, was der Wassermann denkt, und was dein Kind denkt oder erzählt, ist in deinen Augen wirklich cool. Ihr beide habt eine ganz selbstverständliche Neigung zum Geistesleben, nur dass ihr diese auf unterschiedliche Weise auslebt. Dein kleiner Wassermann hat insofern Glück, als du dich auf Menschen zuzubewegen vermagst und mutig genug bist, um mit jedem Kontakt aufzunehmen, der des Weges kommt.

Bring deinem kleinen Wasserträger bei, wie er sich anderen Menschen öffnen kann. Hilf ihm zu verstehen, was Charme ist. Dein Kind hat nicht diese Toleranz gegenüber anderen Menschen wie du. Es muss lernen, die Grenzen seiner Persönlichkeit ein wenig weiter zu stecken, damit es mit anderen Leuten besser auskommt. Ja, der kleine Wassermann ist gerne das, was andere Leute als »Spinner« bezeichnen, aber wenn er nicht wenigstens ein paar Freunde hat, wird er ziemlich einsam sein. Natürlich ist dein Wassermann an einem großen Bekanntenkreis nicht interessiert, aber du kannst ihm zeigen, wie er wenigstens ein paar vertrauenswürdige Freunde findet. Dafür wird er dir sehr dankbar sein! Allein deshalb wird sich dein Wassermannkind dir gegenüber öffnen und dich als einen seiner besten Freunde bezeichnen.

KREBS

Dein Wassermannkind wird dir von Anfang an ein einziges Rätsel sein. Aber du bewunderst dieses Kind und wirst alles tun, um ihm zu geben, was es für ein sicheres und glückliches Leben braucht – wie du das für jeden Menschen tust, der dir am Herzen liegt. Der größte Unterschied zwischen euch beiden ist wohl: Du siehst die Welt um dich herum durch die Brille deiner Emotionen, während der kleine Wassermann zu Gefühlen eine gewisse Distanz hält. Natürlich hat auch der Wassermann Gefühle, nur zeigt er sie eben nicht und versucht, jeder Situation mit Logik beizukommen.

Damit du zur obersten Autorität für dein Kind werden kannst, musst du dir angewöhnen, »auch die andere Wange hinzuhalten«. Noch bevor er sprechen kann, scheint der Wassermann all deine Zuneigungsbekundungen zurückzuweisen. Du musst dir ein dickes Fell zulegen, um den Gedanken, dass dein Kind dich nicht liebt, beiseitezuschieben. Im Rahmen eurer Eltern-Kind-Beziehung wird der kleine Wassermann lernen, wenigstens ein wenig auf sein

Gefühlsleben zu achten. Du hingegen lernst, einen Menschen zu lieben, ohne ständig von ihm Bestätigung und emotionale Unterstützung zu verlangen.

LÖWE

Die Freude an deinem Wassermannkind wird dich treffen, kaum dass du es in den Armen hältst – und sie wird ein Leben lang anhalten. Eure Sonnenzeichen stehen sich im Tierkreis genau gegenüber, das schafft eine besondere Beziehung. Du besitzt viele der Talente und Eigenschaften, die dem Wassermann fehlen, und umgekehrt kann der Wassermann auch dir einiges beibringen. Wie bei allen Eltern-Kind-Bindungen darfst du nicht vergessen, dir Autorität zu verschaffen und sie auszuüben, ohne diktatorisch zu werden. Andererseits musst du den Wassermann hin und wieder auch in seine Schranken weisen, damit er lernt, sich der Welt anzupassen.

Stell ihn vor Aufgaben, die sein Mitgefühl für andere stärken. Obwohl der Wassermann viel über die Welt im Allgemeinen nachdenkt, kann es für ihn selbst schwierig sein, Wärme auszustrahlen. Natürlich wirst du ihm das vorleben, aber du musst ihm auch einige logische Gründe nennen, *warum* dies von Bedeutung ist. An diesem Punkt wäre vielleicht ein Haustier sinnvoll. Damit würdest du auch deine Fähigkeit unter Beweis stellen, in jedem Geschöpf, das dir begegnet, das Beste hervorzubringen – selbst in deinem so andersartigen Wassermannkind, das niemals der Norm entspricht.

JUNGFRAU

Ein Wassermannkind ist für dich ein Segen, aber auch eine Herausforderung. Ihr werdet eine wunderbare Beziehung haben, aber die enge Bindung, die du dir erhofft hast, ist mit diesem extrem intellektuellen Kind nicht so einfach. Als Baby lehnt der Wassermann manche fürsorgliche Bemühung ab. Während du versuchst, seine Hände sauber zu halten, zeigt der Wassermann dir schon, was du mit deinen antibakteriellen Feuchttüchern tun kannst!

Später als Kleinkind wird der Wassermann dich testen, indem er sich dickköpfig weigert, deinen Anweisungen zu gehorchen. Je mehr sich der Verstand dieses Kindes entwickelt, desto schwieriger wird es. Ehe du dich versiehst, wird es jede deiner Vorschriften mit den Mitteln der Logik entkräften. Du sagst vielleicht: »Ein Apfel am Tag, keine Krankheit dich plagt« – und bekommst zu hören, dass das gar nicht stimmt, weil Obst oder Gemüse häufig mit Giftstoffen belastet ist.

WAAGE

Das Leben mit dem kleinen Wassermann wird für dich ausgesprochen lustig. Die unkonventionelle Art deines Sprösslings wird euch Unmengen familiärer Insider-Witze bescheren. Doch während alles um ihn herum lacht, bleibt der Wassermann einfach, wie er ist! Das Erstaunlichste für dich ist dabei, wie völlig unempfindlich er ist, was die Meinung anderer Leute angeht. Davon kannst du dir wirklich eine Scheibe abschneiden. Aber bevor du das tust, solltest du dir überlegen, wie du verhinderst, dass euer ganzer Haushalt nach der Pfeife dieses kleinen Energiebündels tanzt.

Du musst diesem Kind ein wenig Luft lassen, damit es sein starkes Freiheitsbedürfnis ausleben kann. Gleichzeitig musst du den kleinen Wasserträger immer im Auge behalten. Der Wassermann ist extrem neugierig und will wissen, wie sich die 500-Euro-Vase anfühlt, die bei euch im Wohnzimmer steht – und was passiert, wenn eine kleine Hand sie anstößt. Dass der Wassermann sich so gar nicht für Schönheit interessiert, findest du weniger gut, aber am Ende wirst du deine ästhetischen Bedenken fallen lassen und dich auf diese Beziehung voller Leichtigkeit einlassen die euch beide erwartet.

SKORPION

Deine Beziehung zu dem kleinen Wassermann ist von einer ungeheuren Tiefe, nur ist sich dein kleiner Sprössling dessen nicht so bewusst wie du. Der

Wassermann gibt sich die größte Mühe, nicht so zu sein wie jedermann, und tut sein Möglichstes, um dich zu schockieren. Doch deine Intuition ist so ausgeprägt, dass du dich davon nicht beeindrucken lässt. Dein Kind wird noch staunen, wie wenig dich wirklich aufregt.

Doch es zahlt sich aus, dem Wassermann zu zeigen, dass er dir am Herzen liegt. Denn selbst dieses scheinbar so gleichgültige Kind verdient und braucht Aufmerksamkeit. Der kleine Wassermann wird sich das nur nicht anmerken lassen. Obwohl ihr beide so unterschiedlich scheint, verbindet euch doch ein starkes Band. Ihr wollt die Dinge möglichst auf eure Weise erledigen und eure Ziele bestmöglich umsetzen. Du bist viel zu klug, um dem Kind vollkommen zu verbieten, seine Probleme mit den Zwängen der Gesellschaft zu äußern. Du wirst dich immer für den Wassermann einsetzen, weil du tief in dir glaubst, dass dein Kind in diese Welt gekommen ist, um sie zu erhellen und zu bereichern.

SCHÜTZE

Du freust dich wahnsinnig darüber, den kleinen Wasserträger endlich im Arm zu halten, und bist neugierig, was er von der Beziehung zu dir wohl wünscht und erwartet. Da der Wassermann noch mehr für seine Freiheit eintritt als du, musst du dem Kind diesen Freiraum auch geben. Aber pass auf, dass du es nicht aus den Augen verlierst. Das sollte dir eigentlich nicht sonderlich schwerfallen, denn du siehst mit Begeisterung zu, wie dein Kleines die Welt erkundet. Du würdest am liebsten mitmachen bei all den Abenteuern, aber irgendwann wird sich der Wassermann das verbitten! Für dich ist das eine gute Lektion, denn nun weißt du, wie andere Leute sich fühlen, wenn du einfach irgendwohin verschwindest.

Der kleine Wassermann wird immer versuchen, anders zu sein als andere Menschen. Das gilt auch für dich. Du wirst die Originalität des Kindes bewundern, wirst entzückt sein, wie schnell es alles lernt, was mit Intelligenz und Analysefähigkeit zu tun hat.

STEINBOCK

Der kleine Wassermann, den du im Arm hältst, wird dir viel Freude bereiten, aber eine einfache und harmonische Beziehung wird das vermutlich erst nach Jahren intensiver Arbeit. Du und der Wassermann, ihr seid euch sehr ähnlich, aber nur selten einig. Du wirst dieses Kind lieben, gleichzeitig fragst du dich, woher es nur seine verrückten Ideen hat. Auch der kleine Wasserträger liebt dich, vor allem, wenn du ihn dazu bringst, dich zu respektieren und dir zu gehorchen.

Der Wassermann bockt, wenn er sich dem System anpassen soll. Du wirst wohl zusammenzucken, wenn dein Kleines buchstäblich alles auf den Kopf stellt, was mit Kindererziehung zu tun hat. Du musst einfach akzeptieren, dass dein Kind das einfach so macht, und zwar grundsätzlich. Betrachte diese Augenblicke doch als Chance, etwas dazuzulernen. Der Wassermann wird dich zu einem besseren Elternteil machen, weil er dich immer herausfordert. Die Worte »Weil ich es gesagt habe!« stoßen bei ihm auf taube Ohren. Der kleine Wassermann wird dir außerdem zeigen, dass es Sinn macht zu fragen: »Warum?«

WASSERMANN

Ein Kind zu haben, das genauso ist wie sie, ist für die meisten Eltern ein Spaß. Für dich jedoch wird es zu einer echten Herausforderung werden! Bist nicht *du* derjenige, der so unglaublich originell ist? Warum macht dein Kind nichts so, wie du es dir vorstellst? Und wann wird der kleine Wassermann lernen, dass es Regeln gibt, die man befolgen sollte?

Wenn deine Eltern dich besuchen, musst du ihnen wirklich verzeihen: Sie werden ganz schön was zu lachen haben, wenn sie sehen, wie du versuchst, ein Kind zu erziehen, das genauso ist wie du, als du noch klein warst. Denn dieses Kind treibt dich noch in den Wahnsinn (wenn auch auf eine gute Weise). Dein Wassermann kam auf die Welt, um Wege zu beschreiten, die vorher noch keiner beschritten hat. Wie du sehr gut weißt, braucht es eine solche einzigartige Persönlichkeit, um anderen Menschen eine Vision der Welt aufzuzeigen, die sie ohne sie nie sehen würden. Dieses kluge, sozial engagierte und absolut individuelle Kind kann ihnen ein Wegweiser sein.

Die Beziehung zu diesem Kind wird dich unglaublich viel lehren. Du wirst von der Art, wie es auf die Welt zugeht, fasziniert sein. Du wirst lernen, deine Einzigartigkeit zu schätzen, und erkennen, dass du mit deiner ureigensten Art, die Dinge anzugehen, für dein Kind ein Vorbild bist, dem es folgen kann, wenn es an der Zeit ist. In der Zwischenzeit musst du nur eines tun: den kleinen Wassermann lieben.

FISCHE

Du und der kleine Wasserträger, ihr habt eine sehr merkwürdige Beziehung, die eigentlich nur für euch beide Sinn macht. Du hältst dieses Kind im Arm und erträumst dir seine Zukunft. Doch was es selbst will, kommt dem, was du dir erhoffst, vermutlich nicht einmal ansatzweise nahe! Das Gute ist, dass euch das weit weniger stört als vielleicht andere Eltern. Und das macht das Wassermannkind wirklich glücklich!

Du hast so vieles, was du diesem Kind schenken kannst – nicht weil du ein hochgradig strukturierter, strategisch gewiefter oder bestens vorbereiteter Elternteil bist. Nein, sondern weil du den individualistischen Wassermann so akzeptierst, wie er ist. Darüber hinaus verbindet euch eine universelle Liebe zur Menschheit, denn ihr wollt das Leben für jedes Geschöpf auf der Erde besser machen.

12

Fische:

das Kind mit den großen Augen

GEBURTSTAG: 20. Februar bis 20. März
HERRSCHENDER PLANET: Jupiter – die innige, spirituelle und grenzenlose Nachtseite
ERHÖHTER PLANET: Venus
FARBE: Fliederfarben, Himmelblau
SCHUTZSTEINE: Amethyst, Moldawit

Dein Fischekind trat in dein Leben, als der Winter endete und der Frühling vor der Tür stand. Dieses Kind wird dich stets daran erinnern, dass es immer Hoffnung auf Erneuerung und Erlösung gibt. Fische ist ein Wasserzeichen und wird bildlich von zwei Fischen dargestellt. Es ist von veränderlicher Natur. Daher ist der kleine Fisch zutiefst spirituell und emotional. Seine Intuition ist so stark, dass du manchmal glaubst, dein Kind habe übersinnliche Fähigkeiten. Vom Augenblick der Geburt an hat der Fisch Zugriff auf eine unbekannte Kraft. So sieht der kleine Fisch die Welt. Dieses sehr spezielle Kind ist mitfühlend, liebevoll und offen. Gerade deshalb braucht es mehr als andere Kinder seine Eltern.

Denn der Fisch kann nicht gut Grenzen ziehen zwischen seiner Fantasiewelt und der Wirklichkeit. An diesem Punkt kannst du ihn unterstützen. Gib ihm den Freiraum, um zu träumen und seinen Fantasien nachzuhängen, aber erkläre ihm auch, dass das wirkliche Leben nicht immer so funktioniert. Außerdem solltet ihr daran arbeiten, dass das Fischekind sich besser organisiert, wenn es bestimmte Aufgaben zu erledigen hat. Denn der Fisch fängt gerne Dinge an, nur um sich alsbald wieder ablenken zu lassen. Du kannst den kleinen Fisch dazu anhalten, bis zehn zu zählen, wenn er sich die Zähne putzt oder die Hände wäscht. So kannst du sicher sein, dass er es auch gründlich macht. Zeige dem Fischlein auch, dass du selbst Grenzen setzt und dich von niemandem ausnutzen lässt – auch nicht von ihm. Diese wertvolle Lektion hilft deinem Kind, Charakter zu zeigen und der hochstehende, kreative und fantasievolle Mensch zu werden, der in ihm steckt.

Talente und Neigungen

KUNST UND MUSIK

Die besondere Verbundenheit des Fisches mit der Welt jenseits des Materiellen verschafft ihm eine Extraportion kreatives Talent. Denn der kleine Fisch braucht eine Möglichkeit, um seine Träume und Fantasien auszuleben. Wenn du der Musik zuhörst, die dein Kind spielt, oder dir ansiehst, was es zu Papier bringt, begreifst du schnell, was in ihm vorgeht. Dann kannst du ihm helfen, seine Ängste zu verarbeiten und seine Triumphe mit dir zu teilen.

SPRACHE

Der Fisch schätzt den Selbstausdruck, aber nicht unbedingt gemäß den Grammatik- und Rechtschreibregeln. Dieses träumerische Kind bringt »Spaß« und »Phonetik« einfach nicht zusammen.

Auf die Ganzwortmethode spricht der Fisch besser an. So begreift er, wie Sprache funktioniert, und wird die dahinterstehenden Muster besser erkennen. Dann kann dein Kind von ihnen Gebrauch machen, um seine unzähligen Ideen auszudrücken.

MATHEMATIK

Obwohl man immer wieder hört, dass Fische nicht unbedingt detailversessen sind, ist dieses Sonnenzeichen doch das einzige, das seine Zweifel lange genug im Zaum halten kann, um in die abstrakte Welt der höheren Mathematik einzutauchen. Du glaubst nicht, dass dein Fischlein mathematische Konzepte erfassen kann? Nun, Albert Einstein war auch Fisch.

Herausforderungen

Den Fisch zu erziehen ist weder körperlich noch zwischenmenschlich besonders mühsam. Einzelne entnervte Momente allerdings kann es schon geben. Meist haben diese damit zu tun, dass der kleine Fisch sich nicht immer zu 100 Prozent in dieser Welt aufhält. Du bist dir sicher, dass du deinem Kind etwas Bestimmtes aufgetragen hast, zum Beispiel, dass es sich für die Schule fertig machen oder Spielzeug aufheben soll, über das du soeben gestolpert bist. Doch das Kleine guckt dich nur ratlos aus großen Augen an, als verstünde es nicht, wovon du sprichst.

Der Verstand des Fischekindes funktioniert einfach anders als deiner. Der kleine Fisch folgt in seiner Welt stets seinen eigenen Bahnen. Deine Stimme dringt dort oft nur als diffuses Rauschen von außerhalb herein. Der Fisch weiß schon, dass er auf dich hören sollte, aber die Sirenengesänge in seinem Inneren sind einfach stärker.

Das kann manchmal witzig sein, dann wieder lästig. Doch es gibt auch Augenblicke, in denen der Fisch dadurch ganz konkret körperlich in Gefahr gerät. Fische lieben das Wasser. Du musst also besonders aufpassen, wann immer du mit dem Fischlein am Baggersee, am Meer oder an einem Swimmingpool bist. Dann solltest du den kleinen Fisch aus seinen Träumen reißen und ihn auf die harte Wirklichkeit hinweisen, ganz egal, ob du damit seine innere Party störst.

Disziplin

Dafür zu sorgen, dass dein kleiner Fisch nicht aus der Reihe tanzt, ist meist nicht schwer. Dieses Kind verstößt selten absichtlich gegen die Regeln. Andererseits fühlt es sich mitunter verlockt, ohne Erlaubnis etwas anzufassen oder sich an einen Ort zu begeben, an dem Gefahr lauert. Wenn du dem Fisch besseres Benehmen beibringen möchtest, musst du zuerst sicherstellen, dass die Verbindung zu seinem logischen Verstand hergestellt ist. Zu diesem Zweck musst du manchmal alle Spielsachen, Videos und andere Ablenkungen wegräumen. Und schau dem Fischlein direkt in die Augen, wenn du ihm Anweisungen gibst.

Wenn der Fisch allerdings etwas angestellt und eine Rüge verdient hat, darfst du nicht allzu barsch werden. Wenn der Fisch nämlich Angst vor dir bekommt und sich vor der Strafe fürchtet, zieht er sich nur weiter in seine Welt zurück. Du solltest den Kommunikationskanal offen halten, damit der Fisch dir erklären kann, warum er etwas so und nicht anders gemacht hat. Wenn er älter und unabhängiger wird, erfindet er vielleicht Geschichten und erzählt dir, er habe seine Hausaufgaben gemacht – statt mit den Prinzessinnen und ihren Heerscharen von Rittern mit funkelnder Rüstung zu spielen.

Was dein Fisch am liebsten mag

LIEDER UND ABZÄHLREIME

Kuckuck, Kuckuck, ruft's aus dem Wald: Singen, tanzen und springen, um den Frühling zu begrüßen – durch und durch Fisch-Sache.

Weißt du, wie viel Sternlein stehen: Auch der Fisch guckt gerne verträumt in den Himmel.

Schlafe, mein Prinzchen, schlaf ein: Das Prinzchen schläft beim silbernen Schein – was die Schlafgewohnheiten des Fisches gut beschreibt.

FILME

Arielle, die Meerjungfrau: Die Handlung spielt im Ozean, die Charaktere sind niedlich und die Lieder bezaubernd.

Vaiana: Auch diese Geschichte spielt auf einer kleinen Insel mitten im Ozean und lehrt das Fischlein Vertrauen in andere Menschen und den Glauben an sich selbst!

Phantastische Tierwesen: Dieser Film zeigt dem Fisch, dass es möglich ist, seine Ängste mithilfe der Vorstellungskraft zu überwinden.

SPIELE

Heißer Ball: So bekommt der Fisch eine Vorstellung von zielgerichtetem Handeln.

Seifenblasen: Nichts macht dem Fisch mehr Spaß als die bunten, schillernden Blasen, die der Wind fortträgt.

Puzzlekarten: Wenn der Fisch sich ruhig beschäftigen soll, sind diese Karten das Mittel der Wahl.

BÜCHER UND GESCHICHTEN

Winn-Dixie von Kate DiCamillo: Hier geht es um die großen Fischethemen Freundschaft und Wandel.

Der Tod auf dem Apfelbaum von Kathrin Schärer: Ohne Freunde macht das Leben nicht so viel Spaß.

Die Borger von Mary Norton: Kleine Menschen, die unter den Dielenbrettern leben – das kann sich der Fisch mühelos vorstellen.

GESUNDE LECKERBISSEN

Fisch: Weich, von feinem Geschmack und sehr nahrhaft.

Milch: Trägt zum Knochenaufbau bei – aber auch Mandeln, Soja und Kokosnüsse enthalten viel Kalzium.

Süßkartoffeln: Dieses vitaminreiche Gemüse mundet dem Fisch ganz besonders.

Der Fisch und sein Stil

Lass dein Kind Kostüme tragen – Superheld, Einhorn, was auch immer –, und du wirst das fantasievolle Kleine überglücklich machen. Achte auf gutes Schuhwerk, der Fisch braucht hier Unterstützung.

Der Fisch in seiner unmittelbaren Umgebung

Die Psyche des Fischekindes ist von zarter Natur, daher sollte das Zimmer oder die Schlafecke deines Kleinen so ruhig wie möglich sein, vor allem in den ersten Wochen. Der Fisch braucht gesunden Schlaf, damit er träumen kann. Entscheide dich für sanfte Farben. Schön sind auch Wandbehänge oder Vorhänge, die sich leicht bewegen, wenn ein Luftzug durchs Zimmer weht.

Wie du den Fisch beruhigst

Fischekinder weinen häufig, weil sie sich vom ersten Moment ihres Lebens auf der Erde im Schockzustand befinden. Dein kleiner Fisch liebt es, wenn du ihn herumträgst. Er braucht so viel Körperkontakt wie möglich. Da wird der Schaukelstuhl schnell zum besten Freund. So gaukelst du dem Fischlein vor, dass es sich immer noch im Mutterleib befindet.

Eine sichere Methode, um den Fisch zu beruhigen, ist ein Bad. Wenn dein Kleines unruhig wird, wasch es sachte im warmen, klaren Wasser. Da ist es in seinem Element und fühlt sich sicher und behütet. Eine gute Idee ist es auch, mit dem Fisch an einem See oder am Meer spazieren zu gehen. Allerdings musst du ihn dann wirklich ständig im Auge behalten. Die Anziehungskraft des Wassers ist stärker als die Angst, was passieren könnte, wenn er tief hineintaucht.

Anregungen für das Fischekind

Um sein Bewusstsein fest in der diesseitigen Wirklichkeit zu verankern, braucht der Fisch Geräusche und Signale. Manche Spielsachen sind dem Kleinen vielleicht zu laut, aber wie wäre es denn damit:

- **ein Spielzeugklavier:** Der Fisch macht selbst gerne Krach. Außerdem fallen ihm mühelos die schönsten Melodien ein.
- **Badezimmerspielsachen:** Der Fisch liebt das Bad und (giftfreie) Spielsachen, die er quaken und spritzen lassen kann. Schon ist das Bad die schönste Auszeit der Woche.
- **interaktive Spiele und Videos:** Der Fisch verliert sich so schnell in den Fantasiewelten der Videospiele, dass es schon fast erschreckend ist. Aber wenn dein Kind ständig neue Charaktere erfinden und sich ein Happy End ausdenken muss, bleibt es zumindest mit einem Fuß in der Wirklichkeit.

Der Lernstil des Fisches

Der Fisch lernt nahezu osmotisch. Lernkarteien sind ihm fremd, trotzdem liegt es ihm, zu Hause zu lernen. Das Fischlein muss jedoch vor allem lernen, dass es eine Grundvoraussetzung im Leben ist, mit dem Rest der Welt in einer Wirklichkeit zu leben. Sinnvoll wäre es, dein Kind schon früher mit dem ABC und den Zahlen bekannt zu machen. So bereitest du es auf das Schulleben vor, was du nicht bereuen wirst.

Wie du dein Fischekind erziehst

Ratschläge für dich als …

WIDDER

Du findest den kleinen Fisch ja so bezaubernd! Am liebsten würdest du ihn ständig schaukeln oder hochwerfen und ihm so früh wie möglich das Laufen beibringen – aber vermutlich wirst du dabei feststellen, dass dein Kleines es gerne ein wenig langsamer mag! Es hasst Erschütterungen und muss vorsichtig an körperliche Aktivitäten herangeführt werden.

Wahrscheinlich ist dir schon aufgefallen, dass dein Kind einen eher zarten Körperbau hat. Das liegt daran, dass es bei Fischen meist ein wenig dauert, bis der Körper voll entwickelt ist. Aber natürlich kannst du deinem biegsamen Fischlein beim Knochen- und Muskelaufbau helfen.

Komm dem Fisch lieber nicht zu Hilfe, wenn er sich hilflos zeigt. Lass ihn – mit ein wenig Unterstützung – sich selbst hochziehen und krabbeln. Nur so kann der Fisch lernen, auf seine eigene Art die Welt zu erobern. Sorge dafür, dass dein Fischlein sich viel bewegt. Dabei darfst du ihm ruhig die Hand reichen, um es zu stabilisieren, während es auf seinen eigenen Beinchen losmarschiert. Dein kleiner Fisch wird vielleicht nie ein großer Läufer oder Fußballer, aber wenn du ihn schwimmen lässt, kannst du dich schon mal nach einem Platz am Beckenrand umschauen, von dem aus du ihn anfeuern kannst.

STIER

Du und der Fisch, ihr kommt vom ersten Moment an prächtig miteinander aus. Ihr habt beide eine sehr ruhige und lockere Art. Du freust dich, wenn du siehst, wie dein Kind sich sofort entspannt, wenn du es in den Arm nimmst. Wird dein Fischlein aber älter, dann werden die Unterschiede stärker zum Tragen kommen.

Du gehörst zu den pragmatischsten Menschen auf der Welt und musst deshalb einen Draht zu deinem Kind finden, das am liebsten nie mit der Wirklichkeit zu tun hätte. Vermutlich überrascht es dich auch, dass der Fisch sich über neues Spielzeug oder andere materielle Schätze nie besonders zu freuen scheint. Natürlich vergeht keine Sekunde, in der du dein Kind nicht über alles liebst, aber mitunter fragst du dich schon, wie es in der realen Welt überleben soll. Aber genau das kannst du ihm ja beibringen. Also zögere nicht, dein Kind auf dieses Erfordernis hinzuweisen. Gib ihm beispielsweise nicht einfach Taschengeld, sondern lass es dafür arbeiten. Den Abwasch zu machen oder (wenn es alt genug ist) die Waschmaschine einzuschalten hilft dem kleinen Fisch, bodenständiger zu werden. Es zeigt ihm auch, wie wichtig es ist, sein Bestes zu versuchen und für sich selbst zu sorgen.

ZWILLINGE

Dein Fischekind ist ein Geschenk. Du spielst einfach gerne mit ihm. Es zeigt dir, wie man wortlos kommunizieren kann, wenn du zum ersten Mal in seine tiefen Augen blickst und die wundersame Welt entdeckst, die dahinter wartet. Der Fisch wird zu dir aufsehen, damit du ihm zeigst, wie er in dieser Welt leben kann. Er wird zu schätzen wissen, was du unternimmst, um ihn in dieses Wissen einzuweihen. Doch er wird den Dingen, die du für das Wichtigste im Leben hältst, nicht dieselbe Bedeutung beimessen.

Du hingegen wirst seine Fähigkeit lieben, seine Gefühle künstlerisch auszudrücken. Vielleicht würdest du dabei sogar gerne mitmachen. Doch du musst akzeptieren, dass der kleine Fisch gerne mal alleine ist. Erlaube ihm, dem Ruf der Fantasie zu folgen, der ihn in seine Innenwelten lockt. Dann kannst du deinen Freunden erzählen, wie unglaublich mystisch und magisch dieses Kind ist – und vielleicht lernst auch du, über oberflächliche Nettigkeiten hinauszugehen und deine Gefühle zu spüren, während du deinem Fischlein tief in die Augen schaust.

KREBS

Von Anfang an spürst du, dass du mit dem Fisch endlich ein Familienmitglied hast, das dich durch und durch versteht. Tatsächlich ist das Fischlein fast so emotional gestimmt wie du. Aber trotz aller Ähnlichkeiten gibt es auch gewichtige Unterschiede.

Der Fisch steht dem Alltag losgelöster gegenüber als du. Während du für jene Menschen sorgst, die um dich herum sind, wünscht sich der Fisch genau das von dir – damit er schön eingeigelt in seiner kleinen Welt bleiben kann, ohne gestört zu werden! Du wirst dich also um das Fischlein kümmern, aber du musst ihm auch beibringen, wie es sich selbst versorgen kann. Nur so kann dein Kind die Kunst des Lebens meistern und seine Mission erfüllen: der Welt zu zeigen, dass es ein Leben jenseits der »normalen« Wirklichkeit gibt, und alle Menschen zu dieser mystischen Party einzuladen.

LÖWE

Dieses Baby mag dir hilflos erscheinen, wenn du es zum ersten Mal in den Arm nimmst, in Wahrheit aber besitzt dieses Kind Kräfte, die du dir nicht einmal vorstellen kannst. Das sind vielleicht nicht die Dinge, die du als Stärken betrachten würdest, aber wenn du dein Kleines erst einmal kennenlernst, wirst du feststellen, dass es die Geheimnisse des Lebens kennt – zum Beispiel die Schönheit des Lernens und das Wohltuende einer engen Verbindung zum eigenen spirituellen Kern –, die deinem Leben einen neuen Sinn schenken.

Daher ist es wichtig, dass du dem Fischekind erlaubst, ein solches spirituelles Band zu knüpfen, während du es gleichzeitig durch deinen Mut und deine Führungsqualitäten inspirierst. So ein Band lässt sich im Rahmen einer traditionellen Religion finden, aber auch durch andere Methoden – zum Beispiel ein- oder zweimal am Tag in Stille zu sitzen und das eigene Innere zu kontemplieren. Das wäre für den kleinen Fisch schon eine große Hilfe.

Das Fischlein hat eine Neigung zum Abdriften. Wenn du für dieses Kind einen Ort schaffst, an dem es seine überirdische Energie ausleben kann, dann hast du bessere Chancen, es wieder zurückzuholen, wenn es Zeit ist, ein Bad zu nehmen oder in die Schule zu gehen. Im Gegenzug kannst du von dem kleinen verträumten Fisch lernen, dass du die Kraft, die du für deinen Alltag brauchst, durch Konzentration auf deine innere Stärke findest!

JUNGFRAU

Du liebst deinen Fisch mehr, als du je geglaubt hättest, aber es gibt Dinge, die du an ihm nicht so recht akzeptieren kannst. So wurde dein Fischlein ohne dieses natürliche Organisationstalent geboren, das dich auszeichnet. Stattdessen lässt er sich von einer Aktivität zur anderen treiben, ohne sich um einen Abschluss zu kümmern oder das Chaos zu beseitigen, das er hinterlassen hat. Die Dinge scheinen dein Fischlein förmlich zu rufen, als hätten sie Stimmchen, die sein Tun lenken. Dummerweise sagen diese Stimmen deinem Kleinen nie, wie es Ordnung in seinen Schrank bringen oder sich in puncto Organisation von dir eine Scheibe abschneiden kann.

Du wirst mit diesem Kind gut zurechtkommen, wenn du ihm beibringen kannst, Ordnung zu halten – aber es wird nie so werden wie du. Biete ihm verschiedene konkrete Möglichkeiten an, bestehe auf bestimmten Normen, aber versuche nie, die Sehnsucht des Fischleins nach Fantasiewelten zu ersticken. Zeige deinem Kind lieber, wie sehr du es liebst, indem du dich wenigstens hin und wieder auf die Wunderwelt einlässt, die es in sich trägt.

WAAGE

Du wirst viel Freude daran haben, wie dieses Kind heranwächst. Ihr habt vieles gemeinsam – vor allem die Liebe zu den Künsten. Allerdings schätzt ihr sie aus völlig unterschiedlichen Gründen. Während du Schönheit um ihrer selbst willen liebst, lebt der Fisch in der Fantasiewelt, die Kunst, Musik, Theater und Poesie hervorbringt.

Du kannst dein Fischekind inspirieren, indem du ihm die Gelegenheit gibst, etwas zu erschaffen. Wachsmalkreiden, Fingerfarben und Räume, die nicht blitzblank bleiben müssen, sind die Instrumente, auf denen der Fisch spielen kann. Nimm ihn mit ins Museum, ins Konzert oder ins Kindertheater. Wenn du die Fantasie des Fischleins anregst, verhilfst du ihm zu einer guten Entwicklung. Du musst nur darauf achten, dass der Fisch nicht seine ganze Zeit damit zubringt.

Der Fisch sollte lernen, pünktlich zu sein und sich an die Schulregeln anzupassen. Daher wäre es gut, wenn du eine gewisse Ordnung in sein Leben brächtest. Und vielleicht hilft so ein Stundenplan ja auch dir, Entscheidungen zu treffen und mit deinen Vorhaben flotter fertig zu werden.

SKORPION

Du spürst sofort eine Verbundenheit mit diesem Kind, die weit über die übliche Eltern-Kind-Bindung hinausgeht. Dein kleiner Fisch hat eine Tiefe, die dich daran erinnert, dass auch du diesen Draht zum Reich der Fantasie und grenzenlosen Liebe hast, das sich hinter der Illusion der materiellen Welt befindet.

Dein kleiner Fisch wird dich mit seinen klaren Beobachtungen und tiefgründigen Aussagen verblüffen. Vermutlich fragst du dich manchmal, ob du nun dieses Kind durchs Leben führst oder es umgekehrt dich. Idealerweise ist beides der Fall.

Gib dem Fisch eine Struktur, indem du ihm Ziele setzt und ihm jene Fähigkeiten vermittelst, die er braucht, um sie zu erreichen. Dein Fisch braucht wahrscheinlich länger als andere Kinder, bis er bestimmte körperliche Entwicklungsschritte meistert, aber keine Sorge. Der Fisch wird lernen, indem er dir zuschaut, und am Ende verstehen, dass gut zu sein eine Sache ist, herausragend zu werden aber eine ganz andere.

SCHÜTZE

Das Fischekind kommt dir vor wie eine Porzellanpuppe, wenn du es zum ersten Mal in den Armen hältst. Ihr habt vermutlich eine sehr unterschiedliche Art, die Welt zu sehen, und der zartfühlende und unbekümmerte Stil des Fisches ist an sich schon ein Wunder. Zur Herausforderung wird das Ganze, wenn dir klar wird, wie sanft und vorsichtig du mit diesem Kind umgehen musst. Du bist eben nicht gerade der Typ dafür. Andererseits bist du enorm lernfähig und kannst dich an einen weniger energiegeladenen Stil sicher gewöhnen.

Die Empfindsamkeit des Fischleins sollte dich aber nicht davon abhalten zu tun, was nötig ist, wie zum Beispiel Windeln zu wechseln oder ein Heftpflaster von einem wunden Fuß oder Finger zu entfernen. Natürlich wird der Fisch sich gegen alles wehren, was ihm unangenehme Gefühle verursacht, weil seine innerseelischen Impulse so ungeheuer stark sind. Aber am Ende musst du ihm beibringen, wie er in seinem Körper leben und ihn gut versorgen kann. Nimm das Fischlein ruhig zum Sport mit. Selbst wenn es anfangs noch keine Lust hat, wird sich das schlussendlich ändern. Vielleicht packt ihr ja irgendwann einmal eure Yogamatten ein und geht zum Eltern-Kind-Kurs.

STEINBOCK

Der Fisch unterscheidet sich vom Steinbock ganz enorm, aber gerade deshalb bist du in vielerlei Hinsicht der ideale Elternteil für diese kleine Seele. Während das Fischlein viel zu viel Zeit in der Welt der Fantasie zubringt, sorgst du dich viel zu sehr um deine Stellung in der materiellen Welt. Sobald du also dein Kleines besser kennenlernst, wirst du merken, dass ihr voneinander lernen könnt. Jeder wird zu einem besseren Menschen, wenn er die Sichtweise des anderen in sein Leben integrieren kann.

Fische haben nicht den gleichen Ehrgeiz wie du. Trotzdem kann der Fisch sehr erfolgreich werden. Wenn du ihm beibringst, wie er Fähigkeiten entwickeln und sich auf Wettbewerb einlassen kann, wird der Fisch deiner Anleitung folgen. Allerdings wird man ihn nicht davon überzeugen können, dass Gewinnen wichtiger ist, als glücklich zu sein und in seinem Tun aufzugehen. Du wünschst dir vielleicht, dass dein Kind Buchhalter wird, aber es wird vermutlich eher Professor der Mathematik. Ganz egal, was dein Fischlein wird, du wirst vor Stolz fast platzen.

WASSERMANN

Sobald du dein Fischekind nach Hause bringst, solltest du verinnerlichen, was es heißt »leben und leben lassen«. Der Fisch ist enorm lernfähig, aber er hat kaum die gleichen Wünsche und Ziele wie du. In einem Punkt aber seid ihr euch einig: im Wunsch, die ganze Menschheit möge in Frieden und Harmonie leben. Dein Ansatz ist eher materieller Natur, das Fischekind wünscht dies eher in spiritueller Hinsicht.

Wenn du offen dafür bist, von deinem Kind zu »lernen«, musst du nur eines tun: ihm tief in die Augen blicken. Dabei überkommt dich das Gefühl, der kleine Fisch könnte womöglich sämtliche Geheimnisse des Universums kennen und sie mit dir teilen – wenn du nur zuhörst und zuschaust. Aber genau das fällt dir eben schwer. Versuche nicht, dem Fischekind deine Überzeugungen und von dir präferierten Methoden aufzuzwingen. Es ist viel wichtiger, dass das Fischlein seinen eigenen Geschmack entwickelt, was nicht möglich ist, wenn du ihm ständig vorschreibst, was er mögen sollte und was nicht. Die größte Herausforderung für dich wird sein, diesem Kind Raum zu lassen. Wenn du das zuwege bringst, wird sich ein außerordentliches menschliches Wesen vor deinen Augen entfalten. Dies allein könnte das größte Geschenk sein, das du der Welt machst.

FISCHE

Dein Kind ist Fisch, genau wie du! Mit einigem Glück hast du bislang so viel über dich selbst gelernt, dass du dem kleinen Wesen helfen kannst, einige deiner Fehler zu vermeiden. Aber für den Moment reicht es vielleicht, wenn du dein Kleines im Arm hältst und spürst, wie eure Herzen im Takt pochen.

Es wird ein hartes Stück Arbeit werden, dem Fisch beizubringen, wie die wirkliche Welt funktioniert. Du bist vielleicht nicht gerade der Mensch mit dem größten Organisationstalent, aber du kannst dem Fisch durchaus vermitteln, welchen Sinn es hat, seine Sachen aufzuräumen und sprechen zu lernen, damit er nämlich seine Gedanken, Gefühle und Bedürfnisse so ausdrücken kann, dass andere Menschen sie verstehen.

Vor allem aber solltest du dem Fischlein zeigen, wann und unter welchen Umständen man anderen Menschen vertrauen kann. Zunächst einmal muss es lernen, dir zu vertrauen. Also zeig dich stark und verlässlich, aber lass gelegentlich auch deine wunderliche Seite aufblitzen. Lass deiner Fantasie freien Lauf, wenn du dein Kind mit den Künsten, der Musik und den Lebensweisheiten in Märchen vertraut machst. Wenn du damit richtig umgehst, beweist du, wie gut Fische den Geist eines anderen Menschen formen können, damit er heranwächst, um der Menschheit von großem Nutzen zu sein.

Nachwort

Gratuliere! Nun weißt du, was die Sterne über die Liebesbeziehung zu deinem Kind sagen, und kannst besser und einfühlsamer auf seine Persönlichkeit eingehen. Dein Kind sieht zu dir auf. Es sucht ein Vorbild, will wissen, was von Bedeutung ist und welche Art Mensch es werden soll. Nun kannst du informiert auf seine Persönlichkeit eingehen und seine Anlagen fördern.

Doch so wie du die künstlerisch begabte kleine Waage oder das ehrgeizige Steinböcklein Dinge lehrst, kann auch dein Kind dir viel beibringen! Es wird dich Geduld und Sensibilität lehren, vielleicht auch Strenge und Struktur. Du wirst lernen, Grenzen zu setzen und Grenzen zu öffnen, damit dein Kind die tiefe Liebe spürt, mit der du über es wachst. Du wirst unfassbar schöne Augenblicke erleben, wenn dein Kind dir jene Liebe und Unterstützung zurückspiegelt, die du ihm gibst. Dann wirst du merken, dass du definitiv etwas richtig gemacht hast!

Zusehen zu dürfen, wie sich die Persönlichkeit deines Kleinen entwickelt, ist ein wunderbares Geschenk, und mithilfe der Astrologie kannst du dir diese Entwicklung bewusst machen. Denn das ist das Ziel der Astrologie: dir bewusst zu machen, wer du bist, damit du dich dein Leben lang weiterentwickeln kannst. Und nun weißt du auch, wie du dein Kind auf die bestmögliche Weise dazu anleitest.

Der Tag, als dieses Kind in dein Leben trat, hat dich ein für alle Mal verändert. Diesen Tanz, den ihr beide miteinander tanzt – das Geben und das Nehmen, das Lachen und die Liebe, die Bindung, die euch euer Leben lang aneinanderschmiedet –, gibt es schon seit Äonen, seit die Menschheit zum ersten Mal den Blick gen Himmel richtete und Sterne und Planeten beobachtete. Nutze diese uralte Wissenschaft, um deinem Kind ins Leben zu helfen, sodass es auf bestmögliche Weise wachsen und lieben kann: mit dir an seiner Seite.

Danksagung

Ein Buch entsteht nie aus der Hand eines einzigen Menschen, auch nicht aus der des Autors.

Ich danke: meiner Agentin Holly Schmidt für ihre Unterstützung; den klugen und fähigen Lektoren und Redakteuren, die mir dieses Projekt anvertraut haben; und meiner Familie bzw. meinen Freunden, die Verständnis zeigten, wenn ich nicht mitgehen und mit ihnen etwas unternehmen konnte, weil ich mit Freuden dieses Buch geschrieben habe.

Außerdem danke ich meinen Lehrern und meinen Klienten, die mich in die Geheimnisse der Astrologie und in die Kunst des Schreibens eingeführt haben.

Und ein extradickes Bussi gibt es für all jene, die mir halfen, meine Liebe und mein Mitgefühl für alle »Kinder« zu vertiefen – ganz egal, welchem Sternzeichen sie angehören.

Register

F

G

L

M

P

S

T

V

W

Z